보현행원품 한글 사경

반야般若스님이 한역한 40권 화엄경의 보현행원품을
불교신행연구원 김현준 원장이 한글로 번역

🌸 새벽숲

·보현행원품 사경과 영험

「보현행원품」은 화엄경 속에 들어 있는 한 품품입니다. 화엄경은 60권본(421년 한역)·80권본(699년 한역)·40권본(798년 한역)의 세 종류가 있는데, 보현행원품은 선재동자의 구법행각을 자세하게 묘사한 40권본 화엄경의 마지막 권에 수록되어 있습니다. 곧 보현보살께서 선재동자에게 설한 법문을 담아 놓은 것이 보현행원품입니다.

이 보현행원품의 주인공인 보현보살은 올바른 수행의 원(行願)을 불러일으켜 깨달음의 세계로 나아가도록 하는 분으로, 우리의 삶을 밝은 쪽으로 바른 쪽으로 행복한 쪽으로 나아가게 해주십니다.

보현행원품을 써 보십시오. 보현행원품을 눈으로 보고 입으로 외우고 손으로 쓰고 마음에 새기는 사경기도는 크나큰 성취를 안겨줍니다. 특히 다음과 같은 원의 성취에는 보현행원품 사경이 매우 좋습니다.

· 일체중생을 성숙시키고 대해탈을 이루는 자리이타의 삶을 원할 때
· 몸과 마음의 병이나 갖가지 괴로움에서 벗어나고자 할 때
· 업장을 잘 참회하고 현실 속의 소원들을 이루고자 할 때
· 평화로움과 복되고 안정된 삶을 원할 때
· 가난을 벗어나 넉넉한 재물과 좋은 환경을 얻고자 할 때
· 늘 좋은 가문에서 태어나고 좋은 벗과 함께 살고자 할 때
· 몸과 말과 뜻이 늘 청정한 삶을 살고자 할 때
· 신통·지혜·공덕·복덕·자비 등을 빨리 이루고자 할 때
· 세세생생 불법과 함께 하고 극락세계에 왕생하고자 할 때
· 부처님의 법문을 잘 통달하고 참다운 법공양을 하고자 할 때
· 대비심으로 보살도를 닦아 빨리 무상보리를 이루고자 할 때

이 밖에도 보현행원품 사경의 영험은 이루 다 말할 수 없습니다.

·보현행원품 사경의 순서

1. 경문을 쓰기 전에

① 먼저 3배를 올리고 '부처님, 보현보살님, 감사합니다.'를 세 번 염한 다음, 보현행원품 사경집을 펼쳐들고 축원부터 세 번 합니다.

"대행보현보살님이시여, 세세생생 지은 죄업을 모두 참회하면서 보현보살님의 십대행원과 함께 하오며, 보현행원품 사경 공덕을 저희 가족 모두의 건강과 평안과 행복과 대해탈, 일체중생의 행복과 깨달음에로 회향하옵니다." (3번)

② 이렇게 기본적인 축원을 하고, 꼭 성취되기를 바라는 일이 있으면 추가로 축원을 하십시오. 이 경우에는 각자의 원(願)에 맞게 적당한 문구를 만들어, 이 책 6페이지에 있는 '보현행원품 사경 발원문' 난에 써 놓고 축원을 하면 되며, 이때의 축원은 어떠한 것이라도 좋습니다. 꼭 이루어졌으면 하는 소원들을 불보살님께 솔직하게 바치면 됩니다.

③ 축원을 한 다음 '나무대행보현보살'을 세 번 염하고, 「개경게」와 「개법장진언」 '옴 아라남 아라다'를 염송합니다. 흔히 정구업진언·오방내외안위제신진언·「개경게」와 「개법장진언」으로 구성된 「전경轉經」을 모두 외우기도 하는데, 「개경게」와 「개법장진언」만으로 족합니다.

개법장진언 다음에는 화엄경의 본래 이름인 '대방광불화엄경 부사의(大方廣佛華嚴經 不思義) 해탈경계보현행원품(解脫境界普賢行願品)'을 세 번 외우고 사경을 시작하면 됩니다.

2. 경문을 쓸 때

① 한글 보현행원품 본문을 사경할 때는 옅게 인쇄된 글씨만을 덧입혀 쓰고, 한자나 진하게 인쇄된 소제목(예:예경제불)·게송원문(예:所有十(소유시)

3

方世界中)·따옴표·중점·쉼표 등은 쓰지 않습니다.

② 사경을 할 때 바탕글씨와 똑같은 글자체로 쓰려고 애를 쓰는 분이 있는데, 꼭 그렇게 쓸 필요는 없습니다. 바탕글씨를 크게 벗어나지 않는 범위 내에서 자기 필체로 쓰면 됩니다.

③ 사경을 하다가 특별히 마음에 와 닿는 구절이 있거나 새기고 싶은 내용이 있으면 다시 한 번 읽으면서 사색에 잠기는 것도 좋습니다. 이렇게 사경을 하게 되면 보현행원품의 내용이 보다 빨리 '나'의 것이 되고 신심이 샘 솟아, 무량공덕이 저절로 쌓이게 됩니다.

④ 그날 해야 할 사경을 마쳤으면 다시 스스로가 만든 '보현행원품 사경 발원문'을 읽고 3배를 드린 다음 끝을 맺습니다.

·사경 기간 및 횟수

① 이 사경집은 보현행원품을 세 번 쓸 수 있도록 엮었습니다. 이 보현행원품의 사경은 많이 할수록 좋기 때문에 기본적으로 30번의 사경을 감히 권해봅니다.

② 인쇄된 글씨 위에 억지로 덧입히며 쓰지 않고 자기 필체로 쓰게 되면 한 페이지에 보통 5분~7분 정도 걸리며, 보현행원품 전체를 다 쓰는 데는 4시간 가량 소요됩니다.

만일 기도할 시간이 넉넉하지 않아 한 시간 정도에서 끝마치고자 한다면 하루에 본문은 10페이지 정도, 게송은 12페이지 정도로 쓰십시오. 이렇게 사경하면 4일 만에 보현행원품 전체를 한 번 쓸 수 있습니다.

③ 보현행원품 사경을 통하여 부처님과 보현보살님의 대위신력을 마음에 담은 불자라면 사경 후 축원과 회향을 한 다음, 예불대참회문을 외우며 108배를 하면 더욱 좋습니다. 대참회를 하는 데는 넉넉 잡아 30분의 시간이 걸리며, 예불대참회문과 하는 방법은 효림출판사에서 간행한『한글 보현행원품』에 수록되어 있습니다. 하지만 권장사항일뿐, 하지 않아도 무방합니다.

④ 매일 쓰다가 부득이한 일이 발생하여 못 쓰게 될 경우가 있습니다. 그때는 꼭 부처님께 못 쓰게 된 사정을 고하여 마음속으로 '다음 날 또는 사경 기간을 하루 더 연장하여 반드시 쓰겠다'고 약속하면 됩니다.

※ 사경을 할 때는 연필·볼펜 또는 가는 수성펜 등으로 쓰면 좋습니다.
※ 사경한 다음, 어떻게 처리해야 되느냐를 묻는 이들이 많은데, 정성껏 쓴 사경집을 집안에 두면 불은이 충만하고 삿된 기운이 침범하지 못하게 되므로, 집안에서 좋다고 생각하는 위치에 잘 모셔 두십시오. 경전을 태우는 것은 큰 불경이므로 함부로 태우면 안 됩니다.

깊은 믿음으로 환희심을 품고 보현행원품 사경을 하면 대우주 법계에 가득한 부처님과 보현보살님의 가피를 입어 소원을 원만하게 성취함은 물론이요 크나큰 향상과 깨달음이 함께 한다고 하였습니다.
여법히 잘 사경하시기를 두 손 모아 축원드립니다.
나무대행보현보살마하살 나무대방광불화엄경보현행원품

보현행원품 사경 발원문

나무대행보현보살 (3번)

　개경게　　　　　　　　　　　　　開經偈

가장 높고　심히 깊은　부처님 법문　　無上甚深微妙法

백천만 겁　지나간들　어찌 만나리　　百千萬劫難遭遇

저희 이제　보고 듣고　받아 지녀서　　我今聞見得受持

부처님의　진실한 뜻　깨치오리다　　願解如來眞實意

개법장진언　옴 아라남 아라다 (3번)

나무대방광불화엄경 부사의해탈경계보현행원품 (3번)

華嚴經 普賢行願品
화엄경 보현행원품

그때 보현보살마하살(普賢菩薩摩訶薩)은 부처님의 수승한 공덕을 찬탄한 다음 보살들과 선재동자(善財童子)에게 이르셨다.

"선남자야, 여래(如來)의 공덕은 비록 시방세계(十方世界)의 모든 부처님께서 한량없는 세계의 티끌수만큼 많은 무수한 겁 동안 말할지라도 다 말하지 못하느니라.

만일 부처님께서 지닌 공덕문(功德門)을 성취하고자 하면 마땅히 열 가지 넓고 큰 행원(십종광대행원[十種廣大行願])을 닦아야 하나니, 무엇이 열 가지인가?

첫째는 부처님들께 예경함이요 예경제불[禮敬諸佛]

둘째는 부처님을 찬탄함이요 청찬여래[稱讚如來]

셋째는 널리 공양함이요 광수공양[廣修供養]

넷째는 업장을 참회함이요 참회업장[懺悔業障]

다섯째는 남이 짓는 공덕을 기뻐함이요 수희공덕[隨喜功德]

7

여섯째는 설법하여 주시기를 청함이요 〔請轉法輪〕

일곱째는 부처님께서 세상에 오래 머물러 계시기를 청함이요 〔請佛住世〕

여덟째는 항상 부처님을 따라 배움이요 〔常隨佛學〕

아홉째는 항상 중생을 수순함이요 〔恒順衆生〕

열째는 모든 공덕을 회향함이니라." 〔普皆廻向〕

선재동자가 여쭈었다.

"대성이시여, 이 예경에서부터 회향까지를 어떻게 해야 하옵니까?"

보현보살이 선재동자에게 이르셨다.

① 부처님들께 예경함 〔禮敬諸佛〕

"선남자야, 어떻게 하는 것이 예경제불인가?

온 법계·허공계·시방삼세 일체세계의 티끌수만큼 많은 제불세존께 보현의 행원력으로 마음 깊이 믿음을 일으켜서 눈앞에 뵈온 듯이 받들고 청정한 몸과 말과 뜻으로 항상 예경을 하되, 한 분

한 분의 부처님께 말할 수 없이 많은 몸을 나타내고, 나타낸 한몸 한몸으로 이루 말할 수 없이 많은 부처님께 두루 예경하는 것이니라.

허공계(虛空界)가 다할지면 나의 예경도 다하려니와, 허공계가 다함이 없으므로 나의 예경도 다함이 없으며, 또한 중생계(衆生界)가 다하고 중생의 업(業)이 다하고 중생의 번뇌(煩惱)가 다할지면 나의 예경도 다하려니와, 중생계 및 중생의 번뇌가 다함이 없으므로 나의 예경 또한 다함이 없느니라. 그리고 염념(念念)히 계속 예경하여 끊임이 없건만, 몸과 말과 뜻에는 지치거나 싫어함이 조금도 없느니라.

② 부처님을 찬탄함 [칭찬여래 (稱讚如來)]

선남자야, 어떻게 하는 것이 칭찬여래(稱讚如來)인가?

온 법계·허공계·시방삼세 일체세계의 모든 티끌 하나하나마다 일체세계의 티끌수만큼 많은 부처님이 계시고, 부처님 계신 곳마다 보살 대중들이 에워싸서 모시고 있느니라.

내 마땅히 깊은 믿음과 지혜로 그 분들이 눈앞

에 계심을 알고서, 변재천녀(辯才天女)의 미묘한 혀보다 더 훌륭한 혀로 한량없는 음성을 내고, 낱낱의 음성마다 갖가지 말솜씨로 일체여래의 공덕을 찬탄하기를 미래의 세상이 다하도록 그치지 않고 계속하여, 법계에 두루하도록 하는 것이니라.

이와 같이 하여 허공계가 다하고 중생계가 다하고 중생의 업이 다하고 중생의 번뇌가 다할지면 나의 찬탄도 다하려니와, 허공계 및 중생의 번뇌가 다함이 없으므로 나의 찬탄도 다함이 없느니라. 그리고 염념히 계속 찬탄하여 끊임이 없건만, 몸과 말과 뜻에는 지치거나 싫어함이 조금도 없느니라.

③ 널리 공양함 〔廣修供養(광수공양)〕

선남자야, 어떻게 하는 것이 광수공양(廣修供養)인가?

온 법계·허공계·시방삼세 일체세계의 모든 티끌 하나하나마다 일체세계의 티끌수만큼 많은 부처님이 계시고, 한 부처님 계신 곳마다 수많은 보살 대중들이 에워싸서 모시고 있느니라.

내 이제 보현의 행원력으로 깊은 믿음과 지혜를 일으켜 그 분들이 눈앞에 계심을 알고서, 으뜸 가는 공양물들로 공양을 하느니라. 이른바 꽃과 꽃타래, 하늘 음악·하늘 일산·하늘 옷과 바르고 사르고 뿌리는 하늘 향 등의 공양구들이 각각 수미(須彌)산(山)만하며, 우유등·기름등·향유등과 같은 등불의 심지는 수미산과 같고 기름은 바닷물과 같나니, 이와 같은 여러 가지 공양물들로 항상 공양하느니라.

그러나 선남자야, 모든 공양 가운데에는 법공(法供)양(養)이 으뜸이니라.

부처님 말씀대로 수행하는 공양 여설수행공양[如說修行供養]

중생들을 이롭게 하는 공양 이익중생공양[利益衆生供養]

중생들을 거두어주는 공양 섭수중생공양[攝受衆生供養]

중생의 고(苦)를 대신 받는 공양 대중생고공양[代衆生苦供養]

부지런히 선근(善根)을 닦는 공양 근수선근공양[勤修善根供養]

보살의 할 일을 버리지 않는 공양 불사보살업공양[不捨菩薩業供養]

보리심(菩提心)을 여의지 않는 공양 불리보리심공양[不離菩提心供養]

등이 그것이니라.

선남자야, 앞서 말한 한량없는 공양물로 공양한 공덕을 한 생각 동안 닦은 법공양의 공덕에 비교하면, 그 백분의 일에도 미치지 못하고 천분의 일에도 미치지 못하고 백천만분의 일에도 미치지 못하느니라.

무슨 까닭인가? 모든 부처님께서 법을 존중하기 때문이요, 부처님께서 설하신대로 수행함이 많은 부처를 출현케 하기 때문이니라. 만일 보살들이 법공양을 행하면 곧바로 부처님에 대한 공양을 성취하게 되나니, 이와 같이 수행함이 참다운 공양이니라.

이것이 넓고 크고 가장 훌륭한 공양이니〔廣大最勝^{광대최승} 供養^{공양}〕, 허공계가 다하고 중생계가 다하고 중생의 업이 다하고 중생의 번뇌가 다할지면 나의 공양도 다하려니와, 허공계 및 중생의 번뇌가 다함이 없으므로 나의 공양도 다함이 없느니라. 그리고 염념히 계속 공양하여 끊임이 없건만, 몸과 말과 뜻에는 치치거나 싫어함이 조금도 없느니라.

④ 업장을 참회함〔懺悔業障〕

선남자야, 어떻게 하는 것이 참회업장인가?

보살은 스스로 생각하느니라.

'제가 과거의 한량없는 겁 동안, 탐심과 진심과 치심을 일으켜 몸과 말과 뜻으로 지은 악업이 무량하여 끝이 없었으리니, 만일 그 악업에 형체가 있다면 끝없는 허공으로도 다 수용할 수 없으리이다. 이제 청정한 삼업으로 법계에 두루하신 한량없는 불보살님 전에 지성으로 참회하되, 다시는 악한 업을 짓지 않고 항상 청정한 계율의 모든 공덕 속에 머물러 있겠나이다.'라고 하는 것이니라.

이와 같이 하여 허공계가 다하고 중생계가 다하고 중생의 업이 다하고 중생의 번뇌가 다할지면 나의 참회도 다하려니와, 허공계 및 중생의 번뇌가 다함이 없으면 나의 참회도 다함이 없느니라. 그리고 염념히 계속하여 끊임이 없건만 몸과 말과 뜻에는 지치거나 싫어함이 조금도 없느니라.

⑤ 남이 짓는 공덕을 수희함〔隨喜功德〕

선남자야, 어떻게 하는 것이 수희공덕인가?

온 법계·허공계·시방삼세 일체세계의 티끌수만큼 많은 부처님들께서는 처음 발심을 한 때부터 일체지를 이루기 위해 부지런히 복덕을 닦되 몸과 목숨을 아끼지 않았나니, 일체세계의 티끌수만큼 많은 겁을 지나는 동안 헤아릴 수 없이 많은 머리와 눈과 손과 발을 아낌없이 보시하셨느니라. 또 어렵고 힘든 고행〔難行苦行〕을 하면서 가지가지 바라밀문을 원만히 갖추셨고, 가지가지 보살의 지혜 땅〔智地〕에 들어가서 부처님들의 무상보리(위없는 깨달음)를 성취하셨으며, 열반에 든 뒤에는 그 사리를 나누게 하셨나니, 이와 같은 모든 선근을 내가 모두 수희(따라서 기뻐함)하는 것이니라.

또 시방 일체세계의 육도와 사생의 중생이 털끝만한 공덕을 지을지라도 내가 모두 수희하고, 시방삼세 일체 성문과 벽지불, 유학(배울 것이 남아 있는 이)과 무학(더 이상 배울 것이 없는 이)의 온갖 공덕을 내가 모두 수희하며, 일체

보살이 어렵고 힘든 고행을 닦으며 무상정등보리(無上正等菩提)(위없고 바르고 평등한 깨달음)를 구하였던 넓고 큰 공덕들을 내가 모두 수희하는 것이니라.

이와 같이 하여 허공계가 다하고 중생계가 다하고 중생의 업이 다하고 중생의 번뇌가 다할지라도 나의 수희함은 다함이 없느니라. 그리고 염념히 계속 수희하여 끊임이 없건만, 몸과 말과 뜻에는 지치거나 싫어함이 조금도 없느니라.

⑥ 설법하여 주시기를 청함〔請轉法輪(청전법륜)〕

선남자야, 어떻게 하는 것이 청전법륜(請轉法輪)인가?

온 법계·허공계·시방삼세 일체세계의 티끌 하나하나마다 이루 다 말할 수 없이 많은 부처님의 광대한 세계가 있고, 그 낱낱의 세계에서는 잠깐 사이에 이루 다 말할 수 없이 많은 부처님이 등정각(等正覺)(평등하고 바른 깨달음)을 이루시나니, 보살 대중들이 이 부처님들을 에워싸서 모시고 있느니라. 그때 내가 몸과 말과 뜻으로 가지가지 방편을 지어 부처님께 설법하여 주시기를 은근히 권청(勸請)하는 것이니라.

이와 같이 하여 허공계가 다하고 중생계가 다하고 중생의 업이 다하고 중생의 번뇌가 다할지라도, 모든 부처님께 항상 정법을 설하여 주시기를 청함은 다함이 없느니라. 그리고 염념히 계속 청법하여 끊임이 없건만, 몸과 말과 뜻에는 지치거나 싫어함이 조금도 없느니라.

⑦ 부처님이 세상에 오래 계시기를 청함〔請佛住世〕

선남자야, 어떻게 하는 것이 청불주세인가?

온 법계·허공계·시방삼세 일체세계에 계신 수많은 부처님들께서 열반에 들고자 하실 때나 보살·성문·연각·유학·무학 등의 모든 선지식들에게, '열반에 들지 말고 일체세계의 티끌수만큼 많은 겁 동안 세상에 머무르시어 일체 중생을 이롭게 하여 주소서.' 하고 권청을 하는 것이니라.

이와 같이 하여 허공계가 다하고 중생계가 다하고 중생의 업이 다하고 중생의 번뇌가 다할지라도, 나의 권청은 다함이 없느니라. 그리고 염념히 계속 권청하여 끊임이 없건만, 몸과 말과 뜻에는

지치거나 싫어함이 조금도 없느니라.

⑧ 항상 부처님을 따라 배움〔常隨佛學〕 (상수불학)

선남자야, 어떻게 하는 것이 상수불학인가?

이 사바세계(娑婆世界)의 비로자나불(毘盧遮那佛)(석가모니불의 근본 법신불)께서는 처음 발심한 때부터 물러남 없이 정진(精進)을 하고 무수히 많은 몸과 목숨으로 보시(布施)를 하셨나니, 가죽을 벗겨 종이를 삼고〔剝皮爲紙〕(박피위지) 뼈를 쪼개어 붓을 삼고〔析骨爲筆〕(석골위필) 피를 뽑아 먹물을 삼아〔刺血爲墨〕(자혈위묵) 쓰신 경전이 수미산 높이만큼이나 되었느니라.

이처럼 법을 소중히 여겨 몸과 목숨을 아끼지 않으셨거늘, 하물며 왕위(王位)나 도시·시골·동산 따위의 모든 소유물을 보시하거나 어렵고 힘든 고행을 함이랴.

또한 보리수(菩提樹) 아래에서 정각(正覺)을 이루셨던 일이며, 여러 가지 신통을 보이고 가지가지 변화를 일으켰던 일이며, 여러 가지 몸을 나타내어 온갖 대중이 모인 곳에 계시되, 모든 보살 대중이 모인 도량(道場)이나, 전륜성왕(轉輪聖王)·소왕(小王)과 그 권속들이 모인 도량이나,

刹帝利 · 婆羅門 · 長者 · 居士
찰제리 · 바라문 · 장자 · 거사들이 모인 도량이나,
天 · 龍   八部神衆   人非人
천 · 용 등의 팔부신중과 인비인들이 모인 도량에
서 원만한 음성〔圓滿音〕을 천둥소리처럼 울리게 하
여 각자의 좋아하고 바라는 바를 따라 중생을 성
숙하게 하셨던 일이며, 마침내 열반에 드심을 나
타내어 보이셨던 일 등을 내가 모두 따라서 배우
는 것이니라. 나아가 지금의 세존이신 비로자나불
께 하는 것처럼 온 법계 · 허공계 · 시방삼세 일체세
계의 티끌수만큼 많은 모든 부처님께도 이와 같이
하여, 염념히 따라서 배우는 것이니라.

　　이와 같이 하여 허공계가 다하고 중생계가 다
하고 중생의 업이 다하고 중생의 번뇌가 다할지라
도, 나의 부처님을 따라 배움은 다함이 없느니라.
그리고 염념히 따라서 배워 끊임이 없건만, 몸과
말과 뜻에는 지치거나 싫어함이 조금도 없느니라.

　⑨ 항상 중생을 수순함〔恒順衆生〕
　　　　　　　　　　　　恒 順 衆 生
　선남자야, 어떻게 하는 것이 항순중생인가?
　온 법계 · 허공계 · 시방세계의 중생들에게는 여

러 가지 차별이 있나니, 난생^{卵生}이나 태생^{胎生}이나 습생^{濕生}이나 화생^{化生}을 한 중생들은 땅과 물과 불과 바람을 의지하여 살기도 하고 허공을 의지하여 살기도 하고 풀과 나무를 의지하여 살기도 하느니라. 이러한 갖가지 생류^{生類}들은 여러 가지 몸과 여러 가지 형상과 여러 가지 생김새와 여러 가지 수명을 가지고 있고, 다양한 종족과 다양한 이름과 다양한 성질과 다양한 소견과 다양한 욕망과 다양한 뜻을 가지고 있으며, 여러 가지 위의^{威儀}와 여러 가지 의복과 여러 가지 음식으로 살아가느니라.

여러 시골의 마을과 도시의 큰 집에 사는 이들이며, 천·용 팔부신중과 인비인^{人非人}들이며, 발 없는 것·두발 가진 것·네발 가진 것·여러 발 가진 것들이며, 형체 있는 것·형체 없는 것·생각이 있는 것·생각이 없는 것·생각이 있는 것도 아니요 없는 것도 아닌 것 등을 내가 다 수순(뜻을 따름)하여, 섬기고 공양하기를 부모님 모시듯이 하고, 스승·아라한^{阿羅漢}·부처님과 다름없이 받드느니라.

19

병든 이에게는 의원이 되고, 길 잃은 이에게는 바른 길잡이가 되고, 어두운 밤에는 광명이 되고, 가난한 이에게는 재물을 얻을 수 있게 하느니라.

이와 같이 보살은 일체 중생을 평등하게 보고 이롭게 하나니, 무슨 까닭인가? 보살이 중생을 수순하면 부처님을 수순하여 받드는 것이 되고, 중생을 존중하여 받들면 부처님을 존중하여 받드는 것이 되며, 중생을 기쁘게 하면 모든 부처님을 기쁘게 하는 것이 되기 때문이니라.

왜냐하면 부처님은 대비심(大悲心)을 바탕[體]으로 삼고 있기 때문이니, 중생으로 인하여 대비심을 일으키고, 대비심으로 인하여 보리심(菩提心)을 발하고, 보리심으로 인하여 정각(正覺)을 이루시느니라.

마치 넓은 벌판 모래밭에 서 있는 큰 나무의 뿌리가 물을 만나면 가지와 잎과 꽃과 열매가 모두 무성해지듯이, 생사 광야(生死曠野)의 보리수왕(菩提樹王) 또한 이와 같으니라.

일체 중생은 보리수의 뿌리가 되고, 부처님과

보살들은 꽃과 열매가 되나니, 대자비의 물[大悲水]
로 뿌리인 중생을 이롭게 하면 곧바로 불보살들의
지혜꽃과 열매가 성숙하게 되느니라.

어찌하여 그러한가? 만일 보살들이 대자비의
물로 중생들을 이롭게 하면 능히 아뇩다라삼먁삼
보리를 성취하게 되나니, 보리는 중생에게 속한
것이요, 중생이 없으면 보살은 끝내 무상정각을
이루지 못하기 때문이니라.

선남자야, 그대는 이 이치를 분명히 알아야 하
나니, 중생들에게 마음을 평등하게 가지면 능히
원만한 대자비를 성취하고, 대비심으로 중생들을
수순하면 부처님께 올리는 공양도 능히 성취하게
되느니라.

보살은 이와 같이 중생을 수순하나니, 허공계
가 다하고 중생계가 다하고 중생의 업이 다하고
중생의 번뇌가 다할지라도 나의 중생 수순은 다함
이 없느니라. 그리고 염념히 계속 수순하여 끊임이
없건만, 몸과 말과 뜻에는 지치거나 싫어함이 조

금도 없느니라.

⑩ 모든 공덕을 회향함〔普皆廻向〕

선남자야, 어떻게 하는 것이 보개회향인가?

처음의 예경제불에서부터 항순중생까지의 모든 공덕을 온 법계와 허공계의 일체 중생에게 남김없이 회향(되돌려서 향하게 함)하여 중생들로 하여금,

· 항상 안락하고 병고가 없기를 원하며

· 행하고자 하는 악법은 하나도 이루어지지 않고 선업은 모두 빨리 이루어지며

· 삼악도 등의 나쁜 갈래〔惡趣〕로 가는 문은 모두 닫히고 인간이나 천상이나 열반에 이르는 바른 길만 활짝 열리며

· 중생들이 짓고 쌓은 악업 때문에 받게 되는 지극히 무겁고 괴로운 과보들을 내가 대신하여 받으며

· 그 중생들이 다 해탈을 얻고 마침내는 무상보리를 성취하기를 원하는 것이니라.

보살은 이와 같이 회향하나니, 허공계가 다하고 중생계가 다하고 중생의 업이 다하고 중생의

22

번뇌가 다할지라도 나의 이 회향은 다함이 없느니라. 그리고 염념히 계속 회향하여 끊임이 없건만, 몸과 말과 뜻에는 지치거나 싫어함이 조금도 없느니라.

총결總結

선남자야, 이것이 보살마하살의 십종대원十種大願을 구족具足하고 원만圓滿하게 함이니라.

만일 모든 보살이 이 대원을 따라 나아가면, 능히 일체 중생을 성숙시키고, 능히 아뇩다라삼먁삼보리에 이르게 되고, 능히 보현보살의 수행과 원력의 바다〔行願海행원해〕를 가득 채우게 되느니라.

그러므로 선남자야, 그대는 다음의 이치를 분명히 알아야 한다.

만일 어떤 선남자 선여인이 시방에 가득하기가 한량이 없고 끝이 없고 이루 다 말할 수 없이 많은 국토의 가장 좋은 칠보와, 천상·인간 세계에서 가장 훌륭하고 편안하고 즐거운 것들로, 일체 세계의 중생들에게 보시를 하고 일체 세계의 불보살들

께 공양하기를 모든 국토의 티끌수만큼이나 많은 겁 동안 끊임없이 계속하여 얻게 되는 공덕과, 어떤 이가 으뜸가는 이 십종대원을 한 번 들은 공덕과 비교를 하면, 앞의 공덕은 뒤의 것의 백분의 일에도 미치지 못하고 천분의 일에도 미치지 못하고 백만분의 일에도 미치지 못하느니라.

또 어떤 이가 깊은 신심(信心)으로 이 십종대원을 수지(受持)하여 독송하거나 사구게(四句偈) 하나만이라도 사경하게 되면 오무간지옥(五無間地獄)에 떨어질 죄업이라도 이내 소멸되고, 이 세간에서 받는 몸과 마음의 병이나 가지가지 괴로움이 소멸되며, 일체 세계의 티끌수만큼 많은 악업들이 모두 소멸되느니라.

그리고 온갖 마군(魔軍)과 야차(夜叉)와 나찰(羅刹)과 구반다(鳩槃茶) 등 피를 빨아 마시고 살을 먹는 몹쓸 귀신들이 멀리 떠나가거나, 발심(發心)을 하여 가까이에 있으면서 늘 수호하느니라.

그러므로 이 십종대원을 외우는 사람은 어떠한 세간(世間)을 다니더라도 공중의 달이 구름 밖으로 나

온 것과 같아서 세간살이에서 조그마한 장애도 없을 뿐더러, 불보살님이 모두 칭찬하고, 천인과 인간들이 다 예경하며, 일체 중생이 두루 공양하느니라.

이 선남자는 훌륭한 사람의 몸을 얻어 보현보살의 공덕을 원만히 갖추고, 오래지 않아 보현보살과 같은 미묘한 몸을 성취하여 서른 두 가지 대장부상〔三十二大丈夫相〕을 갖추게 되며, 천상이나 인간 세상에 나면 항상 가장 좋은 가문에 태어나며, 나쁜 세상들을 없애고 나쁜 친구들을 멀리 떠나며, 모든 외도〔外道〕를 항복 받고 온갖 번뇌를 모두 해탈함이 큰 사자가 뭇 짐승들을 굴복시키듯이 하며, 모든 중생의 공양을 받게 되느니라.

또 이 사람이 목숨을 마치는 마지막 찰나에 육신은 다 무너져 흩어지고, 모든 친척과 권속들은 모두 떠나가며, 일체의 권세를 잃어 고관대작과 궁성 안팎의 사람과 코끼리·말·수레·보배·비밀창고〔伏藏〕들이 하나도 따라오지 않지만, 이 십종대

원만은 떠남이 없이 항상 앞길을 인도하여, 한 찰나 사이에 극락세계에 왕생하고 곧바로 아미타불과 문수보살·보현보살·관자재보살·미륵보살 등을 뵙게 되나니, 단정한 모습에 공덕을 구족한 이 보살들은 아미타불 곁에 앉아 있느니라.

그리고 왕생한 이는 제 몸이 연꽃 위에 태어나 부처님으로부터 수기(授記)를 받음을 스스로 보게 되며, 수기를 받고는 무수한 세월 동안 시방의 한량없는 세계를 다니며 지혜의 힘으로 중생들의 마음을 헤아려 이롭게 하느니라.

또한 오래지 않아서 보리도량에 앉아 마군들을 항복 받고 등정각을 성취하며, 묘한 법문을 설하여 능히 모든 국토의 티끌수만큼이나 많은 세계의 중생들로 하여금 보리심을 내게 하고, 근기(根機)에 따라 그들을 교화하여 성숙시키며, 미래 겁이 다할 때까지 일체 중생을 이롭게 하느니라.

선남자야, 저 중생들이 원왕(願王)인 이 십종대원을 듣고 믿고 수지하고 독송하고 남을 위해 연설해주

면, 부처님을 제외하고는 그 공덕을 알 수 있는 이가 없느니라.

그러므로 그대들은 이 대원들을 듣거든 의심 없이 잘 받아들이고, 받아서는 능히 읽고, 읽고는 능히 외우고, 외우고는 능히 지녀 사경을 하고 남을 위해 널리 설할지니라.

이러한 사람은 한 생각〔一念〕 동안에 온 행원을 다 성취할 것이니, 얻는 복덕은 한량이 없고 끝이 없으며, 중생들을 번뇌의 고통 바다〔苦海〕에서 건져내어 생사를 멀리 떠난 아미타불의 극락세계에 왕생하게 하느니라."

이때 보현보살마하살은 이 뜻을 거듭 펴기 위해 시방을 두루 살피면서 게송으로 이르셨다.

예경제불 禮敬諸佛

所有十方世界中 (소유시방세계중)　가이없는 시방삼세 가운데 계신

三世一切人師子 (삼세일체인사자)　모든 이의 스승이신 부처님들께

我以淸淨身語意 (아이청정신어의)　맑고 맑은 몸과 말과 뜻을 기울여

일 체 변 례 진 무 여
一切遍禮盡無餘
빠짐없이 두루두루 예경하옵되

보 현 행 원 위 신 력
普賢行願威神力
보현보살 행과 원과 위신력으로

보 현 일 체 여 래 전
普現一切如來前
널리일체 여래전에 몸을나투고

일 신 부 현 찰 진 신
一身復現刹塵身
한 몸으로 무수한몸 다시 나투어

일 일 변 례 찰 진 불
一一遍禮刹塵佛
일체제불 빠짐없이 예경합니다

칭찬여래稱讚如來

어 일 진 중 진 수 불
於一塵中塵數佛
한티끌 속 한량없는 부처 계시고

각 처 보 살 중 회 중
各處菩薩衆會中
그곳마다 많은보살 모여있으며

무 진 법 계 진 역 연
無盡法界塵亦然
온 법계의 티끌속도 또한 그같이

심 신 제 불 개 충 만
深信諸佛皆充滿
부처님의 가득하심 깊이 믿기에

각 이 일 체 음 성 해
各以一切音聲海
몸몸마다 한량없는 음성으로써

보 출 무 진 묘 언 사
普出無盡妙言詞
다함없는 묘한말씀 모두내어서

진 어 미 래 일 체 겁
盡於未來一切劫
오는세상 일체겁이 다할때까지

찬 불 심 심 공 덕 해
讚佛甚深功德海
부처님의 깊은공덕 찬탄합니다

광수공양廣修供養

이 제 최 승 묘 화 만
以諸最勝妙華鬘
아름답기 으뜸가는 여러꽃타래

기 악 도 향 급 산 개
妓樂塗香及傘蓋
좋은음악 좋은향수 좋은일산등

여 시 최 승 장 엄 구
如是最勝莊嚴具
훌륭하기 그지없는 장엄구로써

28

아 이 공 양 제 여 래
我以供養諸如來
시방삼세 부처님께 공양하오며

최 승 의 복 최 승 향
最勝衣服最勝香
으뜸가는 좋은의복 좋은향들과

말 향 소 향 여 등 촉
末香燒香與燈燭
가루향과 사르는향 등과 촛불을

일 일 개 여 묘 고 취
一一皆如妙高聚
하나하나 수미산의 높이로쌓아

아 실 공 양 제 여 래
我悉供養諸如來
일체 여래 빠짐없이 공양하오며

아 이 광 대 승 해 심
我以廣大勝解心
넓고 크고 지혜로운 이마음으로

심 신 일 체 삼 세 불
深信一切三世佛
시방삼세 부처님을 깊이 믿기에

실 이 보 현 행 원 력
悉以普賢行願力
보현보살 행원력을 모두기울여

보 변 공 양 제 여 래
普遍供養諸如來
일체 제불 빠짐없이 공양합니다

참회업장 懺悔業障

아 석 소 조 제 악 업
我昔所造諸惡業
이제까지 제가 지은 모든악업은

개 유 무 시 탐 진 치
皆由無始貪瞋癡
무시이래 탐심진심 치심 일으켜
(貪心 瞋心 癡心)

종 신 어 의 지 소 생
從身語意之所生
몸과 말과 생각으로 지었음이라

일 체 아 금 개 참 회
一切我今皆懺悔
제가 이제 남김없이 참회합니다

수희공덕 隨喜功德

시 방 일 체 제 중 생
十方一切諸衆生
시방삼세 여러종류 모든중생과

이 승 유 학 급 무 학
二乘有學及無學
성문연각 유학무학 여러이승과

일 체 여 래 여 보 살
一切如來與菩薩
일체세계 부처님과 모든보살의

소유공덕개수희
所有功德皆隨喜　　지니오신　온갖공덕　수희합니다

청전법륜請轉法輪

시방소유세간등
十方所有世間燈　　시방세계　계시옵는　세간등불과

최초성취보리자
最初成就菩提者　　제일먼저　보리도를　이루신 님께

아금일체개권청
我今一切皆勸請　　가장높은　묘한법문　설하시기를

전어무상묘법륜
轉於無上妙法輪　　제가이제　지성다해　권청합니다

청불주세請佛住世

제불약욕시열반
諸佛若欲示涅槃　　부처님이　반열반에　들려 하실 때

아실지성이권청
我悉至誠而勸請　　모든지성　기울여서　권청하오니

유원구주찰진겁
惟願久住刹塵劫　　무량겁을　이세상에　계시오면서

이락일체제중생
利樂一切諸衆生　　일체중생　이락하게　살펴주소서

보개회향普皆廻向

소유예찬공양불
所有禮讚供養佛　　예경하고　찬탄하고　공양한 복덕

청불주세전법륜
請佛住世轉法輪　　오래계셔　법문하심　권청한 공덕

수희참회제선근
隨喜懺悔諸善根　　수희하고　참회하온　온갖선근을

회향중생급불도
廻向衆生及佛道　　중생들과　보리도에　회향합니다

상수불학常隨佛學

아수일체여래학
我隨一切如來學　　제가모든　부처님을　따라 배우고

수 습 보 현 원 만 행
修習普賢圓滿行 　보현보살　원만행을　닦아익히며

공 양 과 거 제 여 래
供養過去諸如來 　지난세상　계시었던　부처님들과

급 여 현 재 시 방 불
及與現在十方佛 　이세상에　지금계신　부처님들과

미 래 일 체 천 인 사
未來一切天人師 　미래세의　부처님께　공양하옵되

일 체 의 요 개 원 만
一切意樂皆圓滿 　즐거움과　원만함이　가득케하고

아 원 보 수 삼 세 학
我願普隨三世學 　한결같이　부처님을　따라배워서

속 득 성 취 대 보 리
速得成就大菩提 　무상보리　속히얻기　원하옵니다

항순중생 恒順衆生

소 유 시 방 일 체 찰
所有十方一切刹 　시방삼세　많고많은　세계중에서

광 대 청 정 묘 장 엄
廣大淸淨妙莊嚴 　넓고맑고　묘한장엄　이뤄진곳에

중 회 위 요 제 여 래
衆會圍遶諸如來 　대중들이　에워싸서　모시고있는

실 재 보 리 수 왕 하
悉在菩提樹王下 　부처님이　보리수밑　앉아계시니

시 방 소 유 제 중 생
十方所有諸衆生 　시방세계　살고있는　모든중생들

원 리 우 환 상 안 락
願離憂患常安樂 　근심걱정　멀리떠나　항상즐겁고

획 득 심 심 정 법 리
獲得甚深正法利 　깊고깊은　바른법의　이익을얻어

멸 제 번 뇌 진 무 여
滅除煩惱盡無餘 　모든번뇌　남김없이　없애지이다

보현행을 돕는 기타 발원

아 위 보 리 수 행 시
我爲菩提修行時 　제가보리　얻기위해　수행을할때

일체취중성숙명
一切趣中成宿命
태어나는 곳곳마다 숙명통 얻고

상득출가수정계
常得出家修淨戒
출가하여 청정계행 바르게 닦아

무구무파무천루
無垢無破無穿漏
더러움과 파계함과 번뇌 없으며

천룡야차구반다
天龍夜叉鳩槃茶
천과 용과 야차들과 구반다들과

내지인여비인등
乃至人與非人等
사람들과 사람아닌 중생들에게

소유일체중생어
所有一切衆生語
그네들이 쓰고있는 언어들로써

실이제음이설법
悉以諸音而說法
여러 좋은 법문들을 설해지이다

근수청정바라밀
勤修淸淨波羅蜜
청정하온 바라밀을 꾸준히 닦아

항불망실보리심
恒不忘失菩提心
어느때나 보리심을 잊음이 없고

멸제장구무유여
滅除障垢無有餘
모든장애 모든허물 소멸하여서

일체묘행개성취
一切妙行皆成就
묘하기가 그지없는 행을 이루고

어제혹업급마경
於諸惑業及魔境
번뇌들과 업장들과 마의 경계와

세간도중득해탈
世間道中得解脫
세간 속의 온갖 일에 해탈얻음이

유여연화불착수
猶如蓮華不着水
물방울이 묻지않는 연꽃잎 같고

역여일월부주공
亦如日月不住空
일월처럼 머뭄없게 하여지이다

실제일체악도고
悉除一切惡道苦
일체악도 온갖 고통 모두없애고

등여일체군생락
等與一切群生樂
중생에게 평등하게 기쁨을 주되

여시경어찰진겁
如是經於刹塵劫
끝이없는 세월 동안 쉬는일없이

十方利益恒無盡
시방이익항무진
시방중생 이롭게함 한량없나니

我常隨順諸衆生
아상수순제중생
저언제나 중생들을 수순하면서

盡於未來一切劫
진어미래일체겁
오는세상 일체겁이 다할때까지

恒修普賢廣大行
항수보현광대행
광대하기 그지없는 보현행닦아

圓滿無上大菩提
원만무상대보리
가장높은 보리도를 이루리이다

所有與我同行者
소유여아동행자
저와함께 보현행을 닦는이들은

於一切處同集會
어일체처동집회
날때마다 같은곳에 함께모여서

身口意業皆同等
신구의업개동등
몸과말과 생각으로 같은일하고

一切行願同修學
일체행원동수학
모든수행 모든서원 같이닦으며

所有益我善知識
소유익아선지식
저희에게 이익주는 선지식들도

爲我顯示普賢行
위아현시보현행
보현행을 나타내고 보여주면서

常願與我同集會
상원여아동집회
어느때나 저희들과 함께하옵고

於我常生歡喜心
어아상생환희심
환희심을 항상내기 원하옵니다

願常面見諸如來
원상면견제여래
원하오니 부처님을 뵈올때마다

及諸佛子衆圍遶
급제불자중위요
불자들이 에워싸서 함께모시며

於彼皆興廣大供
어피개흥광대공
훌륭하기 그지없는 공양올리되

盡未來劫無疲厭
진미래겁무피염
미래겁이 다하도록 싫증냄없고

願持諸佛微妙法
원지제불미묘법
부처님의 묘한법문 받아지녀서

光顯一切菩提行
究竟清淨普賢道
盡未來劫常修習
我於一切諸有中
所修福智恒無盡
定慧方便及解脫
獲諸無盡功德藏
一塵中有塵數刹
一一刹有難思佛
一一佛處衆會中
我見恒演菩提行
普盡十方諸刹海
一一毛端三世海
佛海及與國土海
我遍修行經劫海
一切如來語清淨
一言具衆音聲海
隨諸衆生意樂音

가지가지 보리행을 빛나게 하며
청정하기 그지없는 보현의 도를
오는세상 다하도록 익히오리다
시방세계 모든곳을 두루다니며
닦은 복과 얻은지혜 다함이 없고
선정 지혜 방편들과 해탈법으로
한량없는 공덕장을 모두이루어
한티끌 속 한량없는 세계에 계신
생각으로 셀 수없는 부처님께서
모여있는 많고많은 대중을 위해
보리행을 연설하심 뵈어지이다
끝이 없는 공간 속의 모든 세계와
한량없는 시간 속에 언제나 있는
부처님의 나라들과 국토속에서
무량겁을 수행하기 원하옵니다
일체 여래 모든 말씀 청정하시니
일음속에 여러가지 음성 갖추고
중생들의 뜻에맞는 법을 설하니

일일유불변재해 一一流佛辯才海	이게 바로 부처님의 변재(辯才)입니다
삼세일체제여래 三世一切諸如來	시방삼세 한량없는 부처님들은
어피무진어언해 於彼無盡語言海	어느때나 다함없는 음성으로써
항전이취묘법륜 恒轉理趣妙法輪	깊은이치 묘한법문 설하시오니
아심지력보능입 我深智力普能入	제 지혜로 요달하게 하여지이다
아능심입어미래 我能深入於未來	제가 능히 미래까지 깊이 들어가
진일체겁위일념 盡一切劫爲一念	일체겁을 모두모아 일념을 삼고
삼세소유일체겁 三世所有一切劫	삼세 속의 일체겁을 모두 통틀어
위일념제아개입 爲一念際我皆入	일념으로 만들어서 들어가리니
아어일념견삼세 我於一念見三世	그 일념에 한량없는 부처님들을
소유일체인사자 所有一切人師子	남김없이 두루두루 모두 뵈옵고
역상입불경계중 亦常入佛境界中	어느때나 부처님의 경계에 들어
여환해탈급위력 如幻解脫及威力	여환삼매(如幻三昧) 해탈의 힘 이루오리다
어일모단극미중 於一毛端極微中	미세하기 그지없는 티끌 속에다
출현삼세장엄찰 出現三世莊嚴刹	삼세 속의 장엄세계 나타내오면
시방진찰제모단 十方塵刹諸毛端	시방세계 한량없는 털끝들마다
아개심입이엄정 我皆深入而嚴淨	제가 깊이 들어가서 청정을 얻고
소유미래조세등 所有未來照世燈	미래세상 두루비출 세간 등불들

성 도 전 법 오 군 유
成道轉法悟群有　　부처되어 설법하고 중생건진 뒤

구 경 불 사 시 열 반
究竟佛事示涅槃　　해야할일 다 했다며 열반에들면

아 개 왕 예 이 친 근
我皆往詣而親近　　제가두루 나아가서 섬기오리다

속 질 주 변 신 통 력
速疾周遍神通力　　재빠르게 이뤄내는 신통의힘과

보 문 변 입 대 승 력
普門遍入大乘力　　일체문에 다 통하는 대승의힘과

지 행 보 수 공 덕 력
智行普修功德力　　지혜와행 닦아얻는 공덕의힘과

위 신 보 부 대 자 력
威神普覆大慈力　　큰덕으로 널리덮는 자비의힘과

변 정 장 엄 승 복 력
遍淨莊嚴勝福力　　청정하게 장엄하는 복덕의힘과

무 착 무 의 지 혜 력
無着無依智慧力　　집착없고 기댐없는 지혜의힘과

정 혜 방 편 위 신 력
定慧方便威神力　　선정지혜 좋은방편 위신의힘과

보 능 적 집 보 리 력
普能積集菩提力　　두루널리 쌓아모은 보리의힘과

청 정 일 체 선 업 력
淸淨一切善業力　　모든것을 맑게하는 선업의힘과

최 멸 일 체 번 뇌 력
摧滅一切煩惱力　　온갖번뇌 쳐부수는 꿋꿋한힘과

항 복 일 체 제 마 력
降伏一切諸魔力　　마군들을 항복받는 거룩한힘과

원 만 보 현 제 행 력
圓滿普賢諸行力　　보현행을 원만하게 닦는힘으로

보 능 엄 정 제 찰 해
普能嚴淨諸刹海　　모든세계 청정하게 장엄하옵고

해 탈 일 체 중 생 해
解脫一切衆生海　　한량없는 중생들을 해탈케하며

선 능 분 별 제 법 해
善能分別諸法海　　그지없는 법문들을 요달하여서

能甚深入智慧海
능 심 심 입 지 혜 해

지혜바다 깊이깊이 들어가리다

대원을 매듭지음

普能清淨諸行海
보 능 청 정 제 행 해

어디서나 모든행을 깨끗이닦고

圓滿一切諸願海
원 만 일 체 제 원 해

가지가지 서원들을 원만히하고

親近供養諸佛海
친 근 공 양 제 불 해

일체여래 친근하여 공양올리고

修行無倦經劫海
수 행 무 권 경 겁 해

무량겁을 부지런히 수행하면서

三世一切諸如來
삼 세 일 체 제 여 래

삼세속의 한량없는 부처님들의

最勝菩提諸行願
최 승 보 리 제 행 원

가장높은 보리위한 행과원들을

我皆供養圓滿修
아 개 공 양 원 만 수

제가모두 공양하며 원만히닦아

以普賢行悟菩提
이 보 현 행 오 보 리

보현행원 크나큰도 이루오리다

一切如來有長子
일 체 여 래 유 장 자

온세계의 부처님들 맏아들이요

彼名號曰普賢尊
피 명 호 왈 보 현 존

그이름도 거룩하신 보현보살께

我今廻向諸善根
아 금 회 향 제 선 근

제가이제 모든선근 회향하오니

願諸智行悉同彼
원 제 지 행 실 동 피

저의지행 또한그와 같아지이다
智 行

願身口意恒清淨
원 신 구 의 항 청 정

몸과말과 뜻의업이 늘청정하고

諸行刹土亦復然
제 행 찰 토 역 부 연

모든행과 계신국토 항상청정한

如是智慧號普賢
여 시 지 혜 호 보 현

맑은지혜 갖춘분이 보현이시니

願我與彼皆同等
원 아 여 피 개 동 등

저보살과 같아지기 원하옵니다

37

我^아爲^위遍^변淨^정普^보賢^현行^행

제가 이제 청정하온 보현의 행과

文^문殊^수師^사利^리諸^제大^대願^원

문수사리 보살님의 큰 원력으로

滿^만彼^피事^사業^업盡^진無^무餘^여

온갖 불사 남김없이 원만히 닦되

未^미來^래際^제劫^겁恒^항無^무倦^권

미래겁이 다하도록 싫증냄 없고

我^아所^소修^수行^행無^무有^유量^량

한량없는 수행들을 모두 닦아서

獲^획得^득無^무量^량諸^제功^공德^덕

그지없는 공덕들을 모두 이루고

安^안住^주無^무量^량諸^제行^행中^중

끝이 없는 온갖 행에 머무르면서

了^요達^달一^일切^체神^신通^통力^력

가지가지 신통 묘용 요달하오며

文^문殊^수師^사利^리勇^용猛^맹智^지

문수보살 용맹하고 크신 지혜와

普^보賢^현慧^혜行^행亦^역復^부然^연

보현보살 지혜 행에 사무치고자

我^아今^금廻^회向^향諸^제善^선根^근

제가 이제 일체 선근 회향하면서

隨^수彼^피一^일切^체常^상修^수學^학

님들 따라 모든 것을 배우오리다

三^삼世^세諸^제佛^불所^소稱^칭歎^탄

시방 삼세 여래께서 칭찬하시는

如^여是^시最^최勝^승諸^제大^대願^원

훌륭하기 그지없는 십종대원에

我^아今^금廻^회向^향諸^제善^선根^근

제가 이제 온갖 선근 회향하오니

爲^위得^득普^보賢^현殊^수勝^승行^행

보현보살 수승한 행 얻어지이다

정토왕생발원

願^원我^아臨^임欲^욕命^명終^종時^시

원하오니 이 목숨이 다하려 할 때

38

盡除一切諸障碍 — 진제일체제장애
모든업장 온갖장애 다 없어져서

面見彼佛阿彌陀 — 면견피불아미타
한 찰나에 아미타불 만나 뵈옵고

卽得往生安樂刹 — 즉득왕생안락찰
지체없이 극락왕생 하여지이다

我旣往生彼國已 — 아기왕생피국이
극락세계 제가 가서 난 다음에는

現前成就此大願 — 현전성취차대원
대원들을 눈 앞에서 모두 이루고

一切圓滿盡無餘 — 일체원만진무여
온갖 것을 원만하게 두루 갖추어

利樂一切衆生界 — 이락일체중생계
일체 중생 이락하게 살펴지이다

彼佛衆會咸淸淨 — 피불중회함청정
청정하온 아미타불 극락회상의

我時於勝蓮華生 — 아시어승연화생
구품연지 연꽃 위에 바로 태어나

親覩如來無量光 — 친도여래무량광
무량한 빛 아미타불 친견하오면

現前授我菩提記 — 현전수아보리기
그 찰나에 보리 수기 내려주시니

蒙彼如來授記已 — 몽피여래수기이
부처님의 보리 수기 받자옵고는

化身無數百俱胝 — 화신무수백구지
백억 화신 마음대로 나타내어서

智力廣大偏十方 — 지력광대변시방
대지혜로 시방세계 두루 다니며

普利一切衆生界 — 보리일체중생계
일체 중생 이익 되게 하겠나이다

乃至虛空世界盡 — 내지허공세계진
허공계와 중생계가 모두 다하고

衆生及業煩惱盡 — 중생급업번뇌진
중생업과 중생 번뇌 모두 다함은

如是一切無盡時 — 여시일체무진시
넓고 크고 가이없고 한량없으니

원아구경항무진
我願究竟恒無盡 저희들의 행원 또한 이러지이다

보현행원의 공덕

시방소유무변찰
十方所有無邊刹 가이없는 시방세계 가운데있는

장엄중보공여래
莊嚴衆寶供如來 칠보로써 부처님께 공양을 하고

최승안락시천인
最勝安樂施天人 모든인간 천인(天人)에게 무량겁 동안

경일체겁미진겁
經一切刹微塵劫 가장좋은 안락함을 보시하여도

약인어차승원왕
若人於此勝願王 어떤이가 거룩하온 보현행원을

일경어이능생신
一經於耳能生信 한번듣고 지성으로 믿음을내어

구승보리심갈앙
求勝菩提心渴仰 무상보리 구할생각 간절히하면

획승공덕과어피
獲勝功德過於彼 그공덕이 저복보다 훨씬큽니다

즉상원리악지식
卽常遠離惡知識 그는항상 나쁜벗을 멀리떠나고

영리일체제악도
永離一切諸惡道 영원토록 모든악도 만남없으며

속견여래무량광
速見如來無量光 무량한빛 아미타불 속히뵙고서

구차보현최승원
具此普賢最勝願 가장높은 보현행원 갖추게되니

차인선득승수명
此人善得勝壽命 그사람은 길고도긴 수명을얻고

차인선래인중생
此人善來人中生 날때마다 항상좋은 사람몸받아

차인불구당성취
此人不久當成就 머지않은 세월뒤에 보현보살의

여피보현보살행
如彼普賢菩薩行 크고넓은 보살행을 성취합니다

往昔由無智慧力
왕 석 유 무 지 혜 력
지난세상 어리석고 지혜없어서

所造極惡五無間
소 조 극 악 오 무 간
다섯가지 무간죄를 지었더라도

誦此普賢大願王
송 차 보 현 대 원 왕
보현보살 십종대원 읽고외우면

一念速疾皆消滅
일 념 속 질 개 소 멸
한생각에 중죄들이 소멸되어서

族姓種類及容色
족 성 종 류 급 용 색
날때마다 좋은가문 좋은모습에

相好智慧咸圓滿
상 호 지 혜 함 원 만
복과지혜 모든공덕 원만하여서

諸魔外道不能摧
제 마 외 도 불 능 최
마군이나 외도들이 범접못하고

堪爲三界所應供
감 위 삼 계 소 응 공
삼계중생 좋은공양 능히받으며

速詣菩提大樹王
속 예 보 리 대 수 왕
오래잖아 대보리수 아래에앉아

坐已降伏諸魔衆
좌 이 항 복 제 마 중
여러종류 마군모두 항복받고서

成等正覺轉法輪
성 등 정 각 전 법 륜
무상정각 성취하고 법륜을굴려

普利一切諸含識
보 리 일 체 제 함 식
모두에게 이로움을 베푸옵니다

若人於此普賢願
약 인 어 차 보 현 원
누구든지 보현행원 읽고외우고

讀誦受持及演說
독 송 수 지 급 연 설
수지하여 대중위해 연설한다면

果報唯佛能證知
과 보 유 불 능 증 지
그과보는 부처님만 능히아시고

決定獲勝菩提道
결 정 획 승 보 리 도
틀림없이 무상보리 얻게됩니다

若人誦此普賢願
약 인 송 차 보 현 원
어떤이든 보현행원 능히외우고

我說少分之善根
아 설 소 분 지 선 근
그선근의 한부분만 말할지라도

一念一切悉皆圓
일념일체실개원

成就衆生淸淨願
성취중생청정원

我此普賢殊勝行
아차보현수승행

無邊勝福皆廻向
무변승복개회향

普願沈溺諸衆生
보원침익제중생

速往無量光佛刹
속왕무량광불찰

한생각에 일체공덕 원만히 하여
그중생의 청정원(淸淨願)을 성취합니다
제가 이제 보현보살 거룩한행의
가이없는 훌륭한복 회향하오니
삼계 고해 빠져있는 모든중생들
하루속히 극락왕생 하여지이다

　　보현보살마하살이 부처님 앞에서 보현의 광대한 서원과 청정한 게송을 읊자, 선재동자는 한량없이 기뻐하였고, 여러 보살들은 크게 즐거워 하였으며, 부처님께서는 '좋구나, 훌륭하구나〔善哉善哉(선재선재)〕' 하시며 찬탄하셨다.

　　부처님께서 거룩한 보살마하살들과 함께 이 불가사의한 해탈 경계의 수승한 법문을 연설하실 때, 문수사리보살을 비롯한 대보살들, 대보살들이 성숙시킨 6천의 비구, 미륵보살을 비롯한 현겁(賢劫)의 대보살들, 번뇌 없는 보현보살을 비롯하여

灌頂位　　　　　　　　　　一生補處
관정위에 이른 일생보처의 대보살들, 시방의 모든

세계에서 온 수없이 많은 보살마하살, 대지혜의
舍利弗　　　　　　　　摩訶目犍連　　　　　　　大聲聞
사리불과 신통제일 마하목건련을 비롯한 대성문

들, 천상과 인간 세상의 모든 왕과 천·용·야차·

건달바·아수라·가루라·긴나라·마후라가·인비

인 등의 일체 대중들이, 부처님의 말씀을 듣고 크

게 환희하면서 믿고 받들어 행하였다.

이상으로 지극히 성스러운 화엄경 보현행원품의

사경을 마치옵니다.

　　나무대행보현보살마하살

　　나무대행보현보살마하살

　　나무대행보현보살마하살

華嚴經 普賢行願品
화엄경 보현행원품

그때 보현보살마하살(普賢菩薩摩訶薩)은 부처님의 수승한 공덕을 찬탄한 다음 보살들과 선재동자(善財童子)에게 이르셨다.

"선남자야, 여래(如來)의 공덕은 비록 시방세계(十方世界)의 모든 부처님께서 한량없는 세계의 티끌수만큼 많은 무수한 겁 동안 말할지라도 다 말하지 못하느니라.

만일 부처님께서 지닌 공덕문(功德門)을 성취하고자 하면 마땅히 열 가지 넓고 큰 행원[十種廣大行願]을 닦아야 하나니, 무엇이 열 가지인가?

첫째는 부처님들께 예경함이요[禮敬諸佛]

둘째는 부처님을 찬탄함이요[稱讚如來]

셋째는 널리 공양함이요[廣修供養]

넷째는 업장을 참회함이요[懺悔業障]

다섯째는 남이 짓는 공덕을 기뻐함이요[隨喜功德]

여섯째는 설법하여 주시기를 청함이요 〔請轉法輪〕

일곱째는 부처님께서 세상에 오래 머물러 계시기를 청함이요 〔請佛住世〕

여덟째는 항상 부처님을 따라 배움이요 〔常隨佛學〕

아홉째는 항상 중생을 수순함이요 〔恒順衆生〕

열째는 모든 공덕을 회향함이니라 " 〔普皆廻向〕

선재동자가 여쭈었다.

"대성이시여, 이 예경에서부터 회향까지를 어떻게 해야 하옵니까?"

보현보살이 선재동자에게 이르셨다.

① 부처님들께 예경함 〔禮敬諸佛〕

"선남자야, 어떻게 하는 것이 예경제불인가?

온 법계·허공계·시방삼세 일체세계의 티끌수만큼 많은 제불세존께 보현의 행원력으로 마음 깊이 믿음을 일으켜서 눈앞에 뵈온 듯이 받들고 청정한 몸과 말과 뜻으로 항상 예경을 하되, 한 분

한 분의 부처님께 말할 수 없이 많은 몸을 나타내고, 나타낸 한몸 한몸으로 이루 말할 수 없이 많은 부처님께 두루 예경하는 것이니라.

허공계(虛空界)가 다할지면 나의 예경도 다하려니와, 허공계가 다함이 없으므로 나의 예경도 다함이 없으며, 또한 중생계(衆生界)가 다하고 중생의 업(業)이 다하고 중생의 번뇌(煩惱)가 다할지면 나의 예경도 다하려니와, 중생계 및 중생의 번뇌가 다함이 없으므로 나의 예경 또한 다함이 없느니라. 그리고 염념(念念)히 계속 예경하여 끊임이 없건만, 몸과 말과 뜻에는 지치거나 싫어함이 조금도 없느니라.

② 부처님을 찬탄함 [稱讚如來(칭찬여래)]

선남자야, 어떻게 하는 것이 칭찬여래(稱讚如來)인가?

온 법계·허공계·시방삼세 일체세계의 모든 티끌 하나하나마다 일체세계의 티끌수만큼 많은 부처님이 계시고, 부처님 계신 곳마다 보살 대중들이 에워싸서 모시고 있느니라.

내 마땅히 깊은 믿음과 지혜로 그 분들이 눈앞

에 계심을 알고서, 변재천녀(辯才天女)의 미묘한 혀보다 더 훌륭한 혀로 한량없는 음성을 내고, 낱낱의 음성마다 갖가지 말솜씨로 일체여래의 공덕을 찬탄하기를 미래의 세상이 다하도록 그치지 않고 계속하여, 법계에 두루하도록 하는 것이니라.

이와 같이 하여 허공계가 다하고 중생계가 다하고 중생의 업이 다하고 중생의 번뇌가 다할지면 나의 찬탄도 다하려니와, 허공계 및 중생의 번뇌가 다함이 없으므로 나의 찬탄도 다함이 없느니라. 그리고 염념히 계속 찬탄하여 끊임이 없건만, 몸과 말과 뜻에는 지치거나 싫어함이 조금도 없느니라.

③ 널리 공양함〔廣修供養(광수공양)〕

선남자야, 어떻게 하는 것이 광수공양(廣修供養)인가?

온 법계·허공계·시방삼세 일체세계의 모든 티끌 하나하나마다 일체세계의 티끌수만큼 많은 부처님이 계시고, 한 부처님 계신 곳마다 수많은 보살 대중들이 에워싸서 모시고 있느니라.

내 이제 보현의 행원력으로 깊은 믿음과 지혜를 일으켜 그 분들이 눈앞에 계심을 알고서, 으뜸 가는 공양물들로 공양을 하느니라. 이른바 꽃과 꽃타래, 하늘 음악·하늘 일산·하늘 옷과 바르고 사르고 뿌리는 하늘 향 등의 공양구들이 각각 수미(須彌)산(山)만하며, 우유등·기름등·향유등과 같은 등불의 심지는 수미산과 같고 기름은 바닷물과 같나니, 이와 같은 여러 가지 공양물들로 항상 공양하느니라.

　　그러나 선남자야, 모든 공양 가운데에는 법공(法供)양(養)이 으뜸이니라.

부처님 말씀대로 수행하는 공양〔如說修行供養 여설수행공양〕

중생들을 이롭게 하는 공양〔利益衆生供養 이익중생공양〕

중생들을 거두어주는 공양〔攝受衆生供養 섭수중생공양〕

중생의 고(苦)를 대신 받는 공양〔代衆生苦供養 대중생고공양〕

부지런히 선근(善根)을 닦는 공양〔勤修善根供養 근수선근공양〕

보살의 할 일을 버리지 않는 공양〔不捨菩薩業供養 불사보살업공양〕

보리심(菩提心)을 여의지 않는 공양〔不離菩提心供養 불리보리심공양〕

등이 그것이니라.

선남자야, 앞서 말한 한량없는 공양물로 공양한 공덕을 한 생각 동안 닦은 법공양의 공덕에 비교하면, 그 백분의 일에도 미치지 못하고 천분의 일에도 미치지 못하고 백천만분의 일에도 미치지 못하느니라.

무슨 까닭인가? 모든 부처님께서 법을 존중하기 때문이요, 부처님께서 설하신대로 수행함이 많은 부처를 출현케 하기 때문이니라. 만일 보살들이 법공양을 행하면 곧바로 부처님에 대한 공양을 성취하게 되나니, 이와 같이 수행함이 참다운 공양이니라.

이것이 넓고 크고 가장 훌륭한 공양이니〔廣大最勝 供養〕, 허공계가 다하고 중생계가 다하고 중생의 업이 다하고 중생의 번뇌가 다할지면 나의 공양도 다하려니와, 허공계 및 중생의 번뇌가 다함이 없으므로 나의 공양도 다함이 없느니라. 그리고 염념히 계속 공양하여 끊임이 없건만, 몸과 말과 뜻

49

에는 지치거나 싫어함이 조금도 없느니라.

④ 업장을 참회함[懺悔業障]

선남자야, 어떻게 하는 것이 참회업장[懺悔業障]인가?
보살은 스스로 생각하느니라.

'제가 과거의 한량없는 겁[劫] 동안, 탐심[貪心]과 진심[瞋心]과
치심[癡心]을 일으켜 몸과 말과 뜻으로 지은 악업[惡業]이 무
량하여 끝이 없었으리니, 만일 그 악업에 형체가
있다면 끝없는 허공으로도 다 수용할 수 없으리이
다. 이제 청정한 삼업[三業]으로 법계에 두루하신 한량
없는 불보살님 전에 지성으로 참회하되, 다시는
악한 업을 짓지 않고 항상 청정한 계율의 모든 공
덕 속에 머물러 있겠나이다.'라고 하는 것이니라.

이와 같이 하여 허공계가 다하고 중생계가 다
하고 중생의 업이 다하고 중생의 번뇌가 다할지면
나의 참회도 다하려니와, 허공계 및 중생의 번뇌
가 다함이 없으면 나의 참회도 다함이 없느니라.
그리고 염념히 계속하여 끊임이 없건만 몸과 말과
뜻에는 지치거나 싫어함이 조금도 없느니라.

⑤ 남이 짓는 공덕을 수희함 〔隨喜功德〕

선남자야, 어떻게 하는 것이 수희공덕인가?

온 법계·허공계·시방삼세 일체세계의 티끌수만큼 많은 부처님들께서는 처음 발심을 한 때부터 일체지를 이루기 위해 부지런히 복덕을 닦되 몸과 목숨을 아끼지 않았나니, 일체세계의 티끌수만큼 많은 겁을 지나는 동안 헤아릴 수 없이 많은 머리와 눈과 손과 발을 아낌없이 보시하셨느니라. 또 어렵고 힘든 고행〔難行苦行〕을 하면서 가지가지 바라밀문을 원만히 갖추셨고, 가지가지 보살의 지혜 땅〔智地〕에 들어가서 부처님들의 무상보리(위없는 깨달음)를 성취하셨으며, 열반에 든 뒤에는 그 사리를 나누게 하셨나니, 이와 같은 모든 선근을 내가 모두 수희(따라서 기뻐함)하는 것이니라.

또 시방 일체세계의 육도와 사생의 중생이 털끝만한 공덕을 지을지라도 내가 모두 수희하고, 시방삼세 일체 성문과 벽지불, 유학(배울 것이 남아 있는 이)과 무학(더 이상 배울 것이 없는 이)의 온갖 공덕을 내가 모두 수희하며, 일체

보살이 어렵고 힘든 고행을 닦으며 무상정등보^{無上正等菩}리^提(위없고 바르고 평등한 깨달음)를 구하였던 넓고 큰 공덕들을 내가 모두 수희하는 것이니라.

이와 같이 하여 허공계가 다하고 중생계가 다하고 중생의 업이 다하고 중생의 번뇌가 다할지라도 나의 수희함은 다함이 없느니라. 그리고 염념히 계속 수희하여 끊임이 없건만, 몸과 말과 뜻에는 지치거나 싫어함이 조금도 없느니라.

⑥ 설법하여 주시기를 청함〔請轉法輪〕

선남자야, 어떻게 하는 것이 청전법륜〔請轉法輪〕인가?

온 법계·허공계·시방삼세 일체세계의 티끌 하나하나마다 이루 다 말할 수 없이 많은 부처님의 광대한 세계가 있고, 그 낱낱의 세계에서는 잠깐 사이에 이루 다 말할 수 없이 많은 부처님이 등정^{等正}각^覺(평등하고 바른 깨달음)을 이루시나니, 보살 대중들이 이 부처님들을 에워싸서 모시고 있느니라. 그때 내가 몸과 말과 뜻으로 가지가지 방편을 지어 부처님께 설법하여 주시기를 은근히 권청〔勸請〕하는 것이니라.

이와 같이 하여 허공계가 다하고 중생계가 다하고 중생의 업이 다하고 중생의 번뇌가 다할지라도, 모든 부처님께 항상 정법을 설하여 주시기를 청함은 다함이 없느니라. 그리고 염념히 계속 청법하여 끊임이 없건만, 몸과 말과 뜻에는 지치거나 싫어함이 조금도 없느니라.

⑦ 부처님이 세상에 오래 계시기를 청함〔請佛住世〕

선남자야, 어떻게 하는 것이 청불주세인가?

온 법계·허공계·시방삼세 일체세계에 계신 수많은 부처님들께서 열반에 들고자 하실 때나 보살·성문·연각·유학·무학 등의 모든 선지식들에게, '열반에 들지 말고 일체세계의 티끌수만큼 많은 겁 동안 세상에 머무르시어 일체 중생을 이롭게 하여 주소서.' 하고 권청을 하는 것이니라.

이와 같이 하여 허공계가 다하고 중생계가 다하고 중생의 업이 다하고 중생의 번뇌가 다할지라도, 나의 권청은 다함이 없느니라. 그리고 염념히 계속 권청하여 끊임이 없건만, 몸과 말과 뜻에는

지치거나 싫어함이 조금도 없느니라.

⑧ 항상 부처님을 따라 배움〔常隨佛學〕 ^{상 수 불 학}

선남자야, 어떻게 하는 것이 상수불학인가?

이 사바세계의 비로자나불(석가모니불의 근본 법신불)께서는 처음 발심한 때부터 물러남 없이 정진을 하고 무수히 많은 몸과 목숨으로 보시를 하셨나니, 가죽을 벗겨 종이를 삼고〔剝皮爲紙〕 뼈를 쪼개어 붓을 삼고〔析骨爲筆〕 피를 뽑아 먹물을 삼아〔刺血爲墨〕 쓰신 경전이 수미산 높이만큼이나 되었느니라.

이처럼 법을 소중히 여겨 몸과 목숨을 아끼지 않으셨거늘, 하물며 왕위나 도시·시골·동산 따위의 모든 소유물을 보시하거나 어렵고 힘든 고행을 함이랴.

또한 보리수 아래에서 정각을 이루셨던 일이며, 여러 가지 신통을 보이고 가지가지 변화를 일으켰던 일이며, 여러 가지 몸을 나타내어 온갖 대중이 모인 곳에 계시되, 모든 보살 대중이 모인 도량이나, 전륜성왕·소왕과 그 권속들이 모인 도량이나,

刹帝利 婆羅門 長者 居士
찰제리·바라문·장자·거사들이 모인 도량이나,
天 龍 八部神衆 人非人
천·용 등의 팔부신중과 인비인들이 모인 도량에
                         원만음
서 원만한 음성〔圓滿音〕을 천둥소리처럼 울리게 하
여 각자의 좋아하고 바라는 바를 따라 중생을 성
숙하게 하셨던 일이며, 마침내 열반에 드심을 나
타내어 보이셨던 일 등을 내가 모두 따라서 배우
는 것이니라. 나아가 지금의 세존이신 비로자나불
께 하는 것처럼 온 법계·허공계·시방삼세 일체세
계의 티끌수만큼 많은 모든 부처님께도 이와 같이
하여, 염념히 따라서 배우는 것이니라.

   이와 같이 하여 허공계가 다하고 중생계가 다
하고 중생의 업이 다하고 중생의 번뇌가 다할지라
도, 나의 부처님을 따라 배움은 다함이 없느니라.
그리고 염념히 따라서 배워 끊임이 없건만, 몸과
말과 뜻에는 지치거나 싫어함이 조금도 없느니라.

                           항순중생
   ⑨ 항상 중생을 수순함〔恒順衆生〕
                              恒 順 衆 生
   선남자야, 어떻게 하는 것이 항순중생인가?
   온 법계·허공계·시방세계의 중생들에게는 여

러 가지 차별이 있나니, 난생^{卵生}이나 태생^{胎生}이나 습생^{濕生}이나 화생^{化生}을 한 중생들은 땅과 물과 불과 바람을 의지하여 살기도 하고 허공을 의지하여 살기도 하고 풀과 나무를 의지하여 살기도 하느니라. 이러한 갖가지 생류^{生類}들은 여러 가지 몸과 여러 가지 형상과 여러 가지 생김새와 여러 가지 수명을 가지고 있고, 다양한 종족과 다양한 이름과 다양한 성질과 다양한 소견과 다양한 욕망과 다양한 뜻을 가지고 있으며, 여러 가지 위의^{威儀}와 여러 가지 의복과 여러 가지 음식으로 살아가느니라.

여러 시골의 마을과 도시의 큰 집에 사는 이들이며, 천·용 팔부신중과 인비인^{人非人}들이며, 발 없는 것·두발 가진 것·네발 가진 것·여러 발 가진 것들이며, 형체 있는 것·형체 없는 것·생각이 있는 것·생각이 없는 것·생각이 있는 것도 아니요 없는 것도 아닌 것 등을 내가 다 수순(뜻을 따름)하여, 섬기고 공양하기를 부모님 모시듯이 하고, 스승·아라한^{阿羅漢}·부처님과 다름없이 받드느니라.

56

병든 이에게는 의원이 되고, 길 잃은 이에게는
바른 길잡이가 되고, 어두운 밤에는 광명이 되고,
가난한 이에게는 재물을 얻을 수 있게 하느니라.

이와 같이 보살은 일체 중생을 평등하게 보고
이롭게 하나니, 무슨 까닭인가? 보살이 중생을
수순하면 부처님을 수순하여 받드는 것이 되고,
중생을 존중하여 받들면 부처님을 존중하여 받드
는 것이 되며, 중생을 기쁘게 하면 모든 부처님을
기쁘게 하는 것이 되기 때문이니라.

왜냐하면 부처님은 대비심(大悲心)을 바탕[體]으로 삼고
있기 때문이니, 중생으로 인하여 대비심을 일으키
고, 대비심으로 인하여 보리심(菩提心)을 발하고, 보리심
으로 인하여 정각(正覺)을 이루시느니라.

마치 넓은 벌판 모래밭에 서 있는 큰 나무의 뿌
리가 물을 만나면 가지와 잎과 꽃과 열매가 모두
무성해지듯이, 생사 광야(生死曠野)의 보리수왕(菩提樹王) 또한 이와
같으니라.

일체 중생은 보리수의 뿌리가 되고, 부처님과

보살들은 꽃과 열매가 되나니, 대자비의 물[大悲水]
로 뿌리인 중생을 이롭게 하면 곧바로 불보살들의
지혜꽃과 열매가 성숙하게 되느니라.

어찌하여 그러한가? 만일 보살들이 대자비의
물로 중생들을 이롭게 하면 능히 아뇩다라삼먁삼
보리를 성취하게 되나니, 보리는 중생에게 속한
것이요, 중생이 없으면 보살은 끝내 무상정각을
이루지 못하기 때문이니라.

선남자야, 그대는 이 이치를 분명히 알아야 하
나니, 중생들에게 마음을 평등하게 가지면 능히
원만한 대자비를 성취하고, 대비심으로 중생들을
수순하면 부처님께 올리는 공양도 능히 성취하게
되느니라.

보살은 이와 같이 중생을 수순하나니, 허공계
가 다하고 중생계가 다하고 중생의 업이 다하고
중생의 번뇌가 다할지라도 나의 중생 수순은 다함
이 없느니라. 그리고 염념히 계속 수순하여 끊임이
없건만, 몸과 말과 뜻에는 지치거나 싫어함이 조

금도 없느니라.

⑩ 모든 공덕을 회향함〔普皆廻向〕

선남자야, 어떻게 하는 것이 보개회향(普皆廻向)인가?

처음의 예경제불(禮敬諸佛)에서부터 항순중생(恒順衆生)까지의 모든 공덕을 온 법계와 허공계의 일체 중생에게 남김없이 회향(되돌려서 향하게 함)하여 중생들로 하여금,

· 항상 안락(安樂)하고 병고가 없기를 원하며

· 행하고자 하는 악법(惡法)은 하나도 이루어지지 않고 선업(善業)은 모두 빨리 이루어지며

· 삼악도 등의 나쁜 갈래〔惡趣〕로 가는 문은 모두 닫히고 인간이나 천상이나 열반에 이르는 바른 길만 활짝 열리며

· 중생들이 짓고 쌓은 악업 때문에 받게 되는 지극히 무겁고 괴로운 과보(果報)들을 내가 대신하여 받으며

· 그 중생들이 다 해탈을 얻고 마침내는 무상보리(無上菩提)를 성취하기를 원하는 것이니라.

보살은 이와 같이 회향하나니, 허공계가 다하고 중생계가 다하고 중생의 업이 다하고 중생의

59

번뇌가 다할지라도 나의 이 회향은 다함이 없느니라. 그리고 염념히 계속 회향하여 끊임이 없건만, 몸과 말과 뜻에는 지치거나 싫어함이 조금도 없느니라.

총결總結

선남자야, 이것이 보살마하살의 십종대원十種大願을 구족具足하고 원만圓滿하게 함이니라.

만일 모든 보살이 이 대원을 따라 나아가면, 능히 일체 중생을 성숙시키고, 능히 아뇩다라삼먁삼보리에 이르게 되고, 능히 보현보살의 수행과 원력의 바다〔行願海〕를 가득 채우게 되느니라.

그러므로 선남자야, 그대는 다음의 이치를 분명히 알아야 한다.

만일 어떤 선남자 선여인이 시방에 가득하기가 한량이 없고 끝이 없고 이루 다 말할 수 없이 많은 국토의 가장 좋은 칠보와, 천상·인간 세계에서 가장 훌륭하고 편안하고 즐거운 것들로, 일체 세계의 중생들에게 보시를 하고 일체 세계의 불보살들

께 공양하기를 모든 국토의 티끌수만큼이나 많은 겁 동안 끊임없이 계속하여 얻게 되는 공덕과, 어떤 이가 으뜸가는 이 십종대원을 한 번 들은 공덕과 비교를 하면, 앞의 공덕은 뒤의 것의 백분의 일에도 미치지 못하고 천분의 일에도 미치지 못하고 백만분의 일에도 미치지 못하느니라.

또 어떤 이가 깊은 신심(信心)으로 이 십종대원을 수지(受持)하여 독송하거나 사구게(四句偈) 하나만이라도 사경하게 되면 오무간지옥(五無間地獄)에 떨어질 죄업이라도 이내 소멸되고, 이 세간에서 받는 몸과 마음의 병이나 가지가지 괴로움이 소멸되며, 일체 세계의 티끌수만큼 많은 악업들이 모두 소멸되느니라.

그리고 온갖 마군(魔軍)과 야차(夜叉)와 나찰(羅刹)과 구반다(鳩槃茶) 등 피를 빨아 마시고 살을 먹는 몹쓸 귀신들이 멀리 떠나가거나, 발심(發心)을 하여 가까이에 있으면서 늘 수호하느니라.

그러므로 이 십종대원을 외우는 사람은 어떠한 세간(世間)을 다니더라도 공중의 달이 구름 밖으로 나

온 것과 같아서 세간살이에서 조그마한 장애도 없을 뿐더러, 불보살님이 모두 칭찬하고, 천인과 인간들이 다 예경하며, 일체 중생이 두루 공양하느니라.

이 선남자는 훌륭한 사람의 몸을 얻어 보현보살의 공덕을 원만히 갖추고, 오래지 않아 보현보살과 같은 미묘한 몸을 성취하여 서른 두 가지 대장부상[三十二大丈夫相]을 갖추게 되며, 천상이나 인간 세상에 나면 항상 가장 좋은 가문에 태어나며, 나쁜 세상들을 없애고 나쁜 친구들을 멀리 떠나며, 모든 외도(外道)를 항복 받고 온갖 번뇌를 모두 해탈함이 큰 사자가 뭇 짐승들을 굴복시키듯이 하며, 모든 중생의 공양을 받게 되느니라.

또 이 사람이 목숨을 마치는 마지막 찰나에 육신은 다 무너져 흩어지고, 모든 친척과 권속들은 모두 떠나가며, 일체의 권세를 잃어 고관대작과 궁성 안팎의 사람과 코끼리·말·수레·보배·비밀 창고[伏藏]들이 하나도 따라오지 않지만, 이 십종대

62

원만은 떠남이 없이 항상 앞길을 인도하여, 한 찰나 사이에 극락세계에 왕생하고 곧바로 아미타불과 문수보살·보현보살·관자재보살·미륵보살 등을 뵙게 되나니, 단정한 모습에 공덕을 구족한 이 보살들은 아미타불 곁에 앉아 있느니라.

그리고 왕생한 이는 제 몸이 연꽃 위에 태어나 부처님으로부터 수기(授記)를 받음을 스스로 보게 되며, 수기를 받고는 무수한 세월 동안 시방의 한량없는 세계를 다니며 지혜의 힘으로 중생들의 마음을 헤아려 이롭게 하느니라.

또한 오래지 않아서 보리도량에 앉아 마군들을 항복 받고 등정각을 성취하며, 묘한 법문을 설하여 능히 모든 국토의 티끌수만큼이나 많은 세계의 중생들로 하여금 보리심을 내게 하고, 근기(根機)에 따라 그들을 교화하여 성숙시키며, 미래 겁이 다할 때까지 일체 중생을 이롭게 하느니라.

선남자야, 저 중생들이 원왕(願王)인 이 십종대원을 듣고 믿고 수지하고 독송하고 남을 위해 연설해주

면, 부처님을 제외하고는 그 공덕을 알 수 있는 이가 없느니라.

그러므로 그대들은 이 대원들을 듣거든 의심 없이 잘 받아들이고, 받아서는 능히 읽고, 읽고는 능히 외우고, 외우고는 능히 지녀 사경을 하고 남을 위해 널리 설할지니라.

이러한 사람은 한 생각[一念] 동안에 온 행원을 다 성취할 것이니, 얻는 복덕은 한량이 없고 끝이 없으며, 중생들을 번뇌의 고통 바다[苦海]에서 건져내어 생사를 멀리 떠난 아미타불의 극락세계에 왕생하게 하느니라."

이때 보현보살마하살은 이 뜻을 거듭 펴기 위해 시방을 두루 살피면서 게송으로 이르셨다.

예경제불 禮敬諸佛

소유시방세계중
所有十方世界中

삼세일체인사자
三世一切人師子

아이청정신어의
我以淸淨身語意

가이없는 시방삼세 가운데 계신

모든 이의 스승이신 부처님들께

맑고 맑은 몸과 말과 뜻을 기울여

일체변례진무여
一切遍禮盡無餘
빠짐없이 두루두루 예경하옵되

보현행원위신력
普賢行願威神力
보현보살 행과 원과 위신력으로

보현일체여래전
普現一切如來前
널리 일체 여래전에 몸을 나투고

일신부현찰진신
一身復現刹塵身
한 몸으로 무수한몸 다시 나투어

일일변례찰진불
一一遍禮刹塵佛
일체 제불 빠짐없이 예경합니다

칭찬여래 稱讚如來

어일진중진수불
於一塵中塵數佛
한 티끌 속 한량없는 부처 계시고

각처보살중회중
各處菩薩衆會中
그곳마다 많은 보살 모여 있으며

무진법계진역연
無盡法界塵亦然
온 법계의 티끌 속도 또한 그같이

심신제불개충만
深信諸佛皆充滿
부처님의 가득하심 깊이 믿기에

각이일체음성해
各以一切音聲海
몸몸마다 한량없는 음성으로써

보출무진묘언사
普出無盡妙言詞
다함없는 묘한 말씀 모두 내어서

진어미래일체겁
盡於未來一切劫
오는 세상 일체겁이 다할 때까지

찬불심심공덕해
讚佛甚深功德海
부처님의 깊은공덕 찬탄합니다

광수공양 廣修供養

이제최승묘화만
以諸最勝妙華鬘
아름답기 으뜸가는 여러 꽃타래

기악도향급산개
妓樂塗香及傘蓋
日 傘
좋은음악 좋은향수 좋은일산등

여시최승장엄구
如是最勝莊嚴具
훌륭하기 그지없는 장엄구로써

아 이 공 양 제 여 래
我以供養諸如來
시방삼세 부처님께 공양하오며

최 승 의 복 최 승 향
最勝衣服最勝香
으뜸가는 좋은의복 좋은향들과

말 향 소 향 여 등 촉
末香燒香與燈燭
가루향과 사르는향 등과 촛불을

일 일 개 여 묘 고 취
一一皆如妙高聚
하나하나 수미산의 높이로쌓아

아 실 공 양 제 여 래
我悉供養諸如來
일체 여래 빠짐없이 공양하오며

아 이 광 대 승 해 심
我以廣大勝解心
넓고 크고 지혜로운 이마음으로

심 신 일 체 삼 세 불
深信一切三世佛
시방삼세 부처님을 깊이 믿기에

실 이 보 현 행 원 력
悉以普賢行願力
보현보살 행원력을 모두기울여

보 변 공 양 제 여 래
普遍供養諸如來
일체 제불 빠짐없이 공양합니다

참회업장 懺悔業障

아 석 소 조 제 악 업
我昔所造諸惡業
이제까지 제가지은 모든악업은

개 유 무 시 탐 진 치
皆由無始貪瞋癡
貪心 瞋心 癡心
무시이래 탐심진심 치심일으켜

종 신 어 의 지 소 생
從身語意之所生
몸과 말과 생각으로 지었음이라

일 체 아 금 개 참 회
一切我今皆懺悔
제가이제 남김없이 참회합니다

수희공덕 隨喜功德

시 방 일 체 제 중 생
十方一切諸衆生
시방삼세 여러종류 모든중생과

이 승 유 학 급 무 학
二乘有學及無學
성문연각 유학무학 여러이승과

일 체 여 래 여 보 살
一切如來與菩薩
일체세계 부처님과 모든보살의

소유공덕개수희
所有功德皆隨喜　　지니오신　온갖공덕　수희합니다

청전법륜 請轉法輪

시방소유세간등
十方所有世間燈　　시방세계　계시옵는　세간 등불과

최초성취보리자
最初成就菩提者　　제일먼저　보리도를　이루신 님께

아금일체개권청
我今一切皆勸請　　가장높은　묘한법문　설하시기를

전어무상묘법륜
轉於無上妙法輪　　제가이제　지성다해　권청합니다

청불주세 請佛住世

제불약욕시열반
諸佛若欲示涅槃　　부처님이　반열반에　들려하실때

아실지성이권청
我悉至誠而勸請　　모든지성　기울여서　권청하오니

유원구주찰진겁
惟願久住刹塵劫　　무량겁을　이세상에　계시오면서

이락일체제중생
利樂一切諸衆生　　일체중생　이락하게　살펴주소서

보개회향 普皆廻向

소유예찬공양불
所有禮讚供養佛　　예경하고　찬탄하고　공양한 복덕

청불주세전법륜
請佛住世轉法輪　　오래계셔　법문하심　권청한 공덕

수희참회제선근
隨喜懺悔諸善根　　수희하고　참회하온　온갖 선근을

회향중생급불도
廻向衆生及佛道　　중생들과　보리도에　회향합니다

상수불학 常隨佛學

아수일체여래학
我隨一切如來學　　제가모든　부처님을　따라 배우고

修習普賢圓滿行
수습보현원만행
보현보살 원만행을 닦아익히며

供養過去諸如來
공양과거제여래
지난세상 계시었던 부처님들과

及與現在十方佛
급여현재시방불
이세상에 지금계신 부처님들과

未來一切天人師
미래일체천인사
미래세의 부처님께 공양하옵되

一切意樂皆圓滿
일체의요개원만
즐거움과 원만함이 가득케하고

我願普隨三世學
아원보수삼세학
한결같이 부처님을 따라배워서

速得成就大菩提
속득성취대보리
무상보리 속히얻기 원하옵니다

항순중생恒順衆生

所有十方一切刹
소유시방일체찰
시방삼세 많고많은 세계중에서

廣大淸淨妙莊嚴
광대청정묘장엄
넓고맑고 묘한장엄 이뤄진곳에

衆會圍遶諸如來
중회위요제여래
대중들이 에워싸서 모시고있는

悉在菩提樹王下
실재보리수왕하
부처님이 보리수밑 앉아계시니

十方所有諸衆生
시방소유제중생
시방세계 살고있는 모든중생들

願離憂患常安樂
원리우환상안락
근심걱정 멀리떠나 항상즐겁고

獲得甚深正法利
획득심심정법리
깊고깊은 바른법의 이익을얻어

滅除煩惱盡無餘
멸제번뇌진무여
모든번뇌 남김없이 없애지이다

보현행을 돕는 기타 발원

我爲菩提修行時
아위보리수행시
제가보리 얻기위해 수행을할때

68

일체취중성숙명 一切趣中成宿命	태어나는 곳곳마다 숙명통얻고
상득출가수정계 常得出家修淨戒	출가하여 청정계행 바르게닦아
무구무파무천루 無垢無破無穿漏	더러움과 파계함과 번뇌없으며
천룡야차구반다 天龍夜叉鳩槃茶	천과용과 야차들과 구반다들과
내지인여비인등 乃至人與非人等	사람들과 사람아닌 중생들에게
소유일체중생어 所有一切衆生語	그네들이 쓰고있는 언어들로써
실이제음이설법 悉以諸音而說法	여러좋은 법문들을 설해지이다
근수청정바라밀 勤修清淨波羅蜜	청정하온 바라밀을 꾸준히닦아
항불망실보리심 恒不忘失菩提心	어느때나 보리심을 잊음이없고
멸제장구무유여 滅除障垢無有餘	모든장애 모든허물 소멸하여서
일체묘행개성취 一切妙行皆成就	묘하기가 그지없는 행을이루고
어제혹업급마경 於諸惑業及魔境	번뇌들과 업장들과 마의경계와
세간도중득해탈 世間道中得解脫	세간속의 온갖일에 해탈얻음이
유여연화불착수 猶如蓮華不着水	물방울이 묻지않는 연꽃잎같고
역여일월부주공 亦如日月不住空	일월처럼 머뭄없게 하여지이다
실제일체악도고 悉除一切惡道苦	일체악도 온갖고통 모두없애고
등여일체군생락 等與一切群生樂	중생에게 평등하게 기쁨을주되
여시경어찰진겁 如是經於刹塵劫	끝이없는 세월동안 쉬는일없이

十方利益恒無盡
시방 이익 항 무진
시방중생 이롭게함 한량없나니

我常隨順諸衆生
아 상 수순 제 중생
저언제나 중생들을 수순하면서

盡於未來一切劫
진 어 미래 일체 겁
오는세상 일체겁이 다할때까지

恒修普賢廣大行
항 수 보현 광대 행
광대하기 그지없는 보현행닦아

圓滿無上大菩提
원만 무상 대보리
가장높은 보리도를 이루리이다

所有與我同行者
소유 여아 동행 자
저와함께 보현행을 닦는이들은

於一切處同集會
어 일체 처 동 집회
날때마다 같은곳에 함께모여서

身口意業皆同等
신 구 의업 개 동 등
몸과말과 생각으로 같은일하고

一切行願同修學
일체 행원 동수학
모든수행 모든서원 같이닦으며

所有益我善知識
소유 익아 선지식
저희에게 이익주는 선지식들도

爲我顯示普賢行
위아 현시 보현행
보현행을 나타내고 보여주면서

常願與我同集會
상 원여아 동집회
어느때나 저희들과 함께하웁고

於我常生歡喜心
어아 상생 환희 심
환희심을 항상내기 원하웁니다

願常面見諸如來
원 상 면견 제 여래
원하오니 부처님을 뵈올때마다

及諸佛子衆圍遶
급 제불 자 중위요
불자들이 에워싸서 함께모시며

於彼皆興廣大供
어피 개흥 광대 공
훌륭하기 그지없는 공양올리되

盡未來劫無疲厭
진 미래겁 무 피염
미래겁이 다하도록 싫증냄없고

願持諸佛微妙法
원 지제불 미 묘법
부처님의 묘한법문 받아지녀서

光顯一切菩提行
광현일체보리행

가지가지 보리행을 빛나게 하며

究竟淸淨普賢道
구경청정보현도

청정하기 그지없는 보현의 도를

盡未來劫常修習
진미래겁상수습

오는세상 다하도록 익히오리다

我於一切諸有中
아어일체제유중

시방세계 모든곳을 두루다니며

所修福智恒無盡
소수복지항무진

닦은복과 얻은지혜 다함이없고

定慧方便及解脫
정혜방편급해탈

선정지혜 방편들과 해탈법으로

獲諸無盡功德藏
획제무진공덕장

한량없는 공덕장을 모두이루어

一塵中有塵數刹
일진중유진수찰

한티끌속 한량없는 세계에계신

一一刹有難思佛
일일찰유난사불

생각으로 셀수없는 부처님께서

一一佛處衆會中
일일불처중회중

모여있는 많고많은 대중을위해

我見恒演菩提行
아견항연보리행

보리행을 연설하심 뵈어지이다

普盡十方諸刹海
보진시방제찰해

끝이없는 공간속의 모든세계와

一一毛端三世海
일일모단삼세해

한량없는 시간속에 언제나있는

佛海及與國土海
불해급여국토해

부처님의 나라들과 국토속에서

我遍修行經劫海
아변수행경겁해

무량겁을 수행하기 원하옵니다

一切如來語淸淨
일체여래어청정

일체여래 모든말씀 청정하시니

一言具衆音聲海
일언구중음성해

일음속에 여러가지 음성갖추고

隨諸衆生意樂音
수제중생의요음

중생들의 뜻에맞는 법을설하니

71

一一流佛辯才海
一一유불변재해
이게 바로 부처님의 변재입니다

三世一切諸如來
삼세일체제여래
시방삼세 한량없는 부처님들은

於彼無盡語言海
어피무진어언해
어느 때나 다함없는 음성으로써

恒轉理趣妙法輪
항전이취묘법륜
깊은 이치 묘한 법문 설하시오니

我深智力普能入
아심지력보능입
제 지혜로 요달하게 하여지이다

我能深入於未來
아능심입어미래
제가 능히 미래까지 깊이 들어가

盡一切劫爲一念
진일체겁위일념
일체 겁을 모두 모아 일념을 삼고

三世所有一切劫
삼세소유일체겁
삼세 속의 일체 겁을 모두 통틀어

爲一念際我皆入
위일념제아개입
일념으로 만들어서 들어가리니

我於一念見三世
아어일념견삼세
그 일념에 한량없는 부처님들을

所有一切人師子
소유일체인사자
남김없이 두루두루 모두 뵈옵고

亦常入佛境界中
역상입불경계중
어느 때나 부처님의 경계에 들어

如幻解脫及威力
여환삼매 여환해탈급위력
해탈의 힘 이루오리다

於一毛端極微中
어일모단극미중
미세하기 그지없는 티끌 속에다

出現三世莊嚴刹
출현삼세장엄찰
삼세 속의 장엄 세계 나타내오면

十方塵刹諸毛端
시방진찰제모단
시방세계 한량없는 털끝들마다

我皆深入而嚴淨
아개심입이엄정
제가 깊이 들어가서 청정을 얻고

所有未來照世燈
소유미래조세등
미래 세상 두루 비출 세간 등불들

72

성 도 전 법 오 군 유
成道轉法悟群有
부처되어 설법하고 중생건진뒤

구 경 불 사 시 열 반
究竟佛事示涅槃
해야할일 다 했다며 열반에들면

아 개 왕 예 이 친 근
我皆往詣而親近
제가 두루 나아가서 섬기오리다

속 질 주 변 신 통 력
速疾周遍神通力
재빠르게 이뤄내는 신통의 힘과

보 문 변 입 대 승 력
普門遍入大乘力
일체문에 다 통하는 대승의 힘과

지 행 보 수 공 덕 력
智行普修功德力
지혜와 행 닦아얻는 공덕의 힘과

위 신 보 부 대 자 력
威神普覆大慈力
큰 덕으로 널리덮는 자비의 힘과

변 정 장 엄 승 복 력
遍淨莊嚴勝福力
청정하게 장엄하는 복덕의 힘과

무 착 무 의 지 혜 력
無着無依智慧力
집착없고 기댐없는 지혜의 힘과

정 혜 방 편 위 신 력
定慧方便威神力
선정 지혜 좋은방편 위신의 힘과

보 능 적 집 보 리 력
普能積集菩提力
두루 널리 쌓아모은 보리의 힘과

청 정 일 체 선 업 력
清淨一切善業力
모든 것을 맑게하는 선업의 힘과

최 멸 일 체 번 뇌 력
摧滅一切煩惱力
온갖 번뇌 쳐부수는 꿋꿋한힘과

항 복 일 체 제 마 력
降伏一切諸魔力
마군들을 항복받는 거룩한힘과

원 만 보 현 제 행 력
圓滿普賢諸行力
보현행을 원만하게 닦는힘으로

보 능 엄 정 제 찰 해
普能嚴淨諸刹海
모든 세계 청정하게 장엄하옵고

해 탈 일 체 중 생 해
解脫一切衆生海
한량없는 중생들을 해탈케 하며

선 능 분 별 제 법 해
善能分別諸法海
그지없는 법문들을 요달하여서

능심심입지혜해
能甚深入智慧海 　지혜바다 깊이깊이 들어가리다

대원을 매듭지음

보능청정제행해
普能淸淨諸行海 　어디서나 모든행을 깨끗이닦고

원만일체제원해
圓滿一切諸願海 　가지가지 서원들을 원만히 하고

친근공양제불해
親近供養諸佛海 　일체여래 친근하여 공양올리고

수행무권경겁해
修行無倦經劫海 　무량겁을 부지런히 수행하면서

삼세일체제여래
三世一切諸如來 　삼세속의 한량없는 부처님들의

최승보리제행원
最勝菩提諸行願 　가장높은 보리위한 행과원들을

아개공양원만수
我皆供養圓滿修 　제가모두 공양하며 원만히닦아

이보현행오보리
以普賢行悟菩提 　보현행원 크나큰도 이루오리다

일체여래유장자
一切如來有長子 　온세계의 부처님들 맏아들이요

피명호왈보현존
彼名號曰普賢尊 　그이름도 거룩하신 보현보살께

아금회향제선근
我今廻向諸善根 　제가이제 모든선근 회향하오니

원제지행실동피
願諸智行悉同彼 　저의지행 또한그와 같아지이다

원신구의항청정
願身口意恒淸淨 　몸과말과 뜻의업이 늘청정하고

제행찰토역부연
諸行刹土亦復然 　모든행과 계신국토 항상청정한

여시지혜호보현
如是智慧號普賢 　맑은지혜 갖춘분이 보현이시니

원아여피개동등
願我與彼皆同等 　저보살과 같아지기 원하옵니다

74

아 위 변 정 보 현 행
我爲遍淨普賢行
제가 이제 청정하온 보현의 행과

문 수 사 리 제 대 원
文殊師利諸大願
문수사리 보살님의 큰 원력으로

만 피 사 업 진 무 여
滿彼事業盡無餘
온갖 불사 남김없이 원만히 닦되

미 래 제 겁 항 무 권
未來際劫恒無倦
미래겁이 다하도록 싫증냄 없고

아 소 수 행 무 유 량
我所修行無有量
한량없는 수행들을 모두 닦아서

획 득 무 량 제 공 덕
獲得無量諸功德
그지없는 공덕들을 모두 이루고

안 주 무 량 제 행 중
安住無量諸行中
끝이 없는 온갖 행에 머무르면서

요 달 일 체 신 통 력
了達一切神通力
가지가지 신통묘용 요달하오며

문 수 사 리 용 맹 지
文殊師利勇猛智
문수보살 용맹하고 크신 지혜와

보 현 혜 행 역 부 연
普賢慧行亦復然
보현보살 지혜행에 사무치고자

아 금 회 향 제 선 근
我今廻向諸善根
제가 이제 일체 선근 회향하면서

수 피 일 체 상 수 학
隨彼一切常修學
님들 따라 모든 것을 배우오리다

삼 세 제 불 소 칭 탄
三世諸佛所稱歎
시방 삼세 여래께서 칭찬하시는

여 시 최 승 제 대 원
如是最勝諸大願
훌륭하기 그지없는 십종대원에

아 금 회 향 제 선 근
我今廻向諸善根
제가 이제 온갖 선근 회향하오니

위 득 보 현 수 승 행
爲得普賢殊勝行
보현보살 수승한 행 얻어지이다

정토왕생발원

원 아 임 욕 명 종 시
願我臨欲命終時
원하오니 이목숨이 다하려 할때

진제일체제장애 盡除一切諸障碍	모든업장 온갖장애 다없어져서
면견피불아미타 面見彼佛阿彌陀	한찰나에 아미타불 만나뵈웁고
즉득왕생안락찰 即得往生安樂刹	지체없이 극락왕생 하여지이다
아기왕생피국이 我旣往生彼國已	극락세계 제가가서 난다음에는
현전성취차대원 現前成就此大願	대원들을 눈앞에서 모두이루고
일체원만진무여 一切圓滿盡無餘	온갖것을 원만하게 두루갖추어
이락일체중생계 利樂一切衆生界	일체중생 이락하게 살펴지이다
피불중회함청정 彼佛衆會咸淸淨	청정하온 아미타불 극락회상의
아시어승연화생 我時於勝蓮華生	구품연지 연꽃위에 바로태어나
친도여래무량광 親覩如來無量光	무량한빛 아미타불 친견하오면
현전수아보리기 現前授我菩提記	그찰나에 보리수기 내려주시니
몽피여래수기이 蒙彼如來授記已	부처님의 보리수기 받자웁고는
화신무수백구지 化身無數百俱胝	백억화신 마음대로 나타내어서
지력광대변시방 智力廣大偏十方	대지혜로 시방세계 두루다니며
보리일체중생계 普利一切衆生界	일체중생 이익되게 하겠나이다
내지허공세계진 乃至虛空世界盡	허공계와 중생계가 모두다하고
중생급업번뇌진 衆生及業煩惱盡	중생업과 중생번뇌 모두다함은
여시일체무진시 如是一切無盡時	넓고크고 가이없고 한량없으니

원아구경항무진
我願究竟恒無盡　　저희들의 행원또한 이러지이다

보현행원의 공덕

시방소유무변찰
十方所有無邊刹　　가이없는 시방세계 가운데있는

장엄중보공여래
莊嚴衆寶供如來　　칠보로써 부처님께 공양을하고

최승안락시천인
最勝安樂施天人　　모든인간 천인에게 무량겁동안

경일체찰미진겁
經一切刹微塵劫　　가장좋은 안락함을 보시하여도

약인어차승원왕
若人於此勝願王　　어떤이가 거룩하온 보현행원을

일경어이능생신
一經於耳能生信　　한번듣고 지성으로 믿음을내어

구승보리심갈앙
求勝菩提心渴仰　　무상보리 구할생각 간절히하면

획승공덕과어피
獲勝功德過於彼　　그공덕이 저복보다 훨씬큽니다

즉상원리악지식
卽常遠離惡知識　　그는항상 나쁜벗을 멀리떠나고

영리일체제악도
永離一切諸惡道　　영원토록 모든악도 만남없으며

속견여래무량광
速見如來無量光　　무량한빛 아미타불 속히뵙고서

구차보현최승원
具此普賢最勝願　　가장높은 보현행원 갖추게되니

차인선득승수명
此人善得勝壽命　　그사람은 길고도긴 수명을얻고

차인선래인중생
此人善來人中生　　날때마다 항상좋은 사람몸받아

차인불구당성취
此人不久當成就　　머지않은 세월뒤에 보현보살의

여피보현보살행
如彼普賢菩薩行　　크고넓은 보살행을 성취합니다

往昔由無智慧力
지난세상 어리석고 지혜없어서

所造極惡五無間
다섯가지 무간죄를 지었더라도

誦此普賢大願王
보현보살 십종대원 읽고외우면

一念速疾皆消滅
한생각에 중죄들이 소멸되어서

族姓種類及容色
날때마다 좋은가문 좋은모습에

相好智慧咸圓滿
복과지혜 모든공덕 원만하여서

諸魔外道不能摧
마군이나 외도들이 범접못하고

堪爲三界所應供
삼계중생 좋은공양 능히받으며

速詣菩提大樹王
오래잖아 대보리수 아래에앉아

坐已降伏諸魔衆
여러종류 마군모두 항복받고서

成等正覺轉法輪
무상정각 성취하고 법륜을굴려

普利一切諸含識
모두에게 이로움을 베푸옵니다

若人於此普賢願
누구든지 보현행원 읽고외우고

讀誦受持及演說
수지하여 대중위해 연설한다면

果報唯佛能證知
그과보는 부처님만 능히아시고

決定獲勝菩提道
틀림없이 무상보리 얻게됩니다

若人誦此普賢願
어떤이든 보현행원 능히외우고

我說少分之善根
그선근의 한부분만 말할지라도

일 념 일 체 실 개 원
一念一切悉皆圓   한 생각에 일체 공덕 원만히 하여

성 취 중 생 청 정 원
成就衆生清淨願   그 중생의 ^{清淨願} 청정원을 성취합니다

아 차 보 현 수 승 행
我此普賢殊勝行   제가 이제 보현보살 거룩한 행의

무 변 승 복 개 회 향
無邊勝福皆廻向   가이없는 훌륭한복 회향하오니

보 원 침 익 제 중 생
普願沈溺諸衆生   삼계 고해 빠져있는 모든중생들

속 왕 무 량 광 불 찰
速往無量光佛刹   하루 속히 극락왕생 하여지이다

보현보살마하살이 부처님 앞에서 보현의 광대한 서원과 청정한 게송을 읊자, 선재동자는 한량없이 기뻐하였고, 여러 보살들은 크게 즐거워 하였으며, 부처님께서는 '좋구나, 훌륭하구나[善哉善哉]'하시며 찬탄하셨다.

부처님께서 거룩한 보살마하살들과 함께 이 불가사의한 해탈 경계의 수승한 법문을 연설하실 때, 문수사리보살을 비롯한 대보살들, 대보살들이 성숙시킨 6천의 비구, 미륵보살을 비롯한 현겁賢劫의 대보살들, 번뇌 없는 보현보살을 비롯하여

관정위에 이른 일생보처의 대보살들, 시방의 모든

灌頂位　　　一生補處

세계에서 온 수없이 많은 보살마하살, 대지혜의

舍利弗　　　摩訶目犍連　　　大聲聞

사리불과 신통제일 마하목건련을 비롯한 대성문

들, 천상과 인간 세상의 모든 왕과 천·용·야차·

건달바·아수라·가루라·긴나라·마후라가·인비

인 등의 일체 대중들이, 부처님의 말씀을 듣고 크

게 환희하면서 믿고 받들어 행하였다.

이상으로 지극히 성스러운 화엄경 보현행원품의

사경을 마치옵니다.

　　나무대행보현보살마하살

　　나무대행보현보살마하살

　　나무대행보현보살마하살

華嚴經 普賢行願品
화엄경 보현행원품

普賢菩薩摩訶薩
그때 보현보살마하살은 부처님의 수승한 공덕
善財童子
을 찬탄한 다음 보살들과 선재동자에게 이르셨다.

如來   十方世界
"선남자야, 여래의 공덕은 비록 시방세계의 모
든 부처님께서 한량없는 세계의 티끌수만큼 많은
무수한 겁 동안 말할지라도 다 말하지 못하느니
라.

功德門
만일 부처님께서 지닌 공덕문을 성취하고자 하
십종광대행원
면 마땅히 열 가지 넓고 큰 행원[十種廣大行願]을 닦아
야 하나니, 무엇이 열 가지인가?
예경제불
첫째는 부처님들께 예경함이요[禮敬諸佛]
칭찬여래
둘째는 부처님을 찬탄함이요[稱讚如來]
광수공양
셋째는 널리 공양함이요[廣修供養]
참회업장
넷째는 업장을 참회함이요[懺悔業障]
수희공덕
다섯째는 남이 짓는 공덕을 기뻐함이요[隨喜功德]

여섯째는 설법하여 주시기를 청함이요 〔請轉法輪〕^{청전법륜}

일곱째는 부처님께서 세상에 오래 머물러 계시기를 청함이요 〔請佛住世〕^{청불주세}

여덟째는 항상 부처님을 따라 배움이요 〔常隨佛學〕^{상수불학}

아홉째는 항상 중생을 수순함이요 〔恒順衆生〕^{수순중생}

열째는 모든 공덕을 회향함이니라 〔普皆廻向〕^{보개회향} "

선재동자가 여쭈었다.

"대성(大聖)이시여, 이 예경에서부터 회향까지를 어떻게 해야 하옵니까?"

보현보살이 선재동자에게 이르셨다.

① 부처님들께 예경함 〔禮敬諸佛〕^{예경제불}

"선남자야, 어떻게 하는 것이 예경제불(禮敬諸佛)인가?

온 법계(法界)·허공계(虛空界)·시방삼세(十方三世) 일체세계의 티끌수 만큼 많은 제불세존(諸佛世尊)께 보현의 행원력(行願力)으로 마음 깊이 믿음을 일으켜서 눈앞에 뵈온 듯이 받들고 청정한 몸과 말과 뜻으로 항상 예경을 하되, 한 분

한 분의 부처님께 말할 수 없이 많은 몸을 나타내고, 나타낸 한몸 한몸으로 이루 말할 수 없이 많은 부처님께 두루 예경하는 것이니라.

허공계(虛空界)가 다할지면 나의 예경도 다하려니와, 허공계가 다함이 없으므로 나의 예경도 다함이 없으며, 또한 중생계(衆生界)가 다하고 중생의 업(業)이 다하고 중생의 번뇌(煩惱)가 다할지면 나의 예경도 다하려니와, 중생계 및 중생의 번뇌가 다함이 없으므로 나의 예경 또한 다함이 없느니라. 그리고 염념(念念)히 계속 예경하여 끊임이 없건만, 몸과 말과 뜻에는 지치거나 싫어함이 조금도 없느니라.

② 부처님을 찬탄함 칭찬여래[稱讚如來]

선남자야, 어떻게 하는 것이 칭찬여래(稱讚如來)인가?

온 법계·허공계·시방삼세 일체세계의 모든 티끌 하나하나마다 일체세계의 티끌수만큼 많은 부처님이 계시고, 부처님 계신 곳마다 보살 대중들이 에워싸서 모시고 있느니라.

내 마땅히 깊은 믿음과 지혜로 그 분들이 눈앞

에 계심을 알고서, 변재천녀(辯才天女)의 미묘한 혀보다 더 훌륭한 혀로 한량없는 음성을 내고, 낱낱의 음성마다 갖가지 말솜씨로 일체여래의 공덕을 찬탄하기를 미래의 세상이 다하도록 그치지 않고 계속하여, 법계에 두루하도록 하는 것이니라.

이와 같이 하여 허공계가 다하고 중생계가 다하고 중생의 업이 다하고 중생의 번뇌가 다할지면 나의 찬탄도 다하려니와, 허공계 및 중생의 번뇌가 다함이 없으므로 나의 찬탄도 다함이 없느니라. 그리고 염념히 계속 찬탄하여 끊임이 없건만, 몸과 말과 뜻에는 지치거나 싫어함이 조금도 없느니라.

③ 널리 공양함〔廣修供養(광수공양)〕

선남자야, 어떻게 하는 것이 광수공양(廣修供養)인가?

온 법계·허공계·시방삼세 일체세계의 모든 티끌 하나하나마다 일체세계의 티끌수만큼 많은 부처님이 계시고, 한 부처님 계신 곳마다 수많은 보살 대중들이 에워싸서 모시고 있느니라.

내 이제 보현의 행원력으로 깊은 믿음과 지혜를 일으켜 그 분들이 눈앞에 계심을 알고서, 으뜸 가는 공양물들로 공양을 하느니라. 이른바 꽃과 꽃타래, 하늘 음악·하늘 일산·하늘 옷과 바르고 사르고 뿌리는 하늘 향 등의 공양구들이 각각 수미(須彌)산만하며, 우유등·기름등·향유등과 같은 등불의 심지는 수미산과 같고 기름은 바닷물과 같나니, 이와 같은 여러 가지 공양물들로 항상 공양하느니라.

그러나 선남자야, 모든 공양 가운데에는 법공(法供)양(養)이 으뜸이니라.

부처님 말씀대로 수행하는 공양 [여설수행공양(如說修行供養)]

중생들을 이롭게 하는 공양 [이익중생공양(利益衆生供養)]

중생들을 거두어주는 공양 [섭수중생공양(攝受衆生供養)]

중생의 고(苦)를 대신 받는 공양 [대중생고공양(代衆生苦供養)]

부지런히 선근(善根)을 닦는 공양 [근수선근공양(勤修善根供養)]

보살의 할 일을 버리지 않는 공양 [불사보살업공양(不捨菩薩業供養)]

보리심(菩提心)을 여의지 않는 공양 [불리보리심공양(不離菩提心供養)]

등이 그것이니라.

선남자야, 앞서 말한 한량없는 공양물로 공양한 공덕을 한 생각 동안 닦은 법공양의 공덕에 비교하면, 그 백분의 일에도 미치지 못하고 천분의 일에도 미치지 못하고 백천만분의 일에도 미치지 못하느니라.

무슨 까닭인가? 모든 부처님께서 법을 존중하기 때문이요, 부처님께서 설하신대로 수행함이 많은 부처를 출현케 하기 때문이니라. 만일 보살들이 법공양을 행하면 곧바로 부처님에 대한 공양을 성취하게 되나니, 이와 같이 수행함이 참다운 공양이니라.

이것이 넓고 크고 가장 훌륭한 공양이니[廣大最勝 供養], 허공계가 다하고 중생계가 다하고 중생의 업이 다하고 중생의 번뇌가 다할지면 나의 공양도 다하려니와, 허공계 및 중생의 번뇌가 다함이 없으므로 나의 공양도 다함이 없느니라. 그리고 염념히 계속 공양하여 끊임이 없건만, 몸과 말과 뜻에는 지치거나 싫어함이 조금도 없느니라.

④ 업장을 참회함 [懺悔業障]

선남자야, 어떻게 하는 것이 참회업장(懺悔業障)인가?

보살은 스스로 생각하느니라.

'제가 과거의 한량없는 겁(劫) 동안, 탐심(貪心)과 진심(瞋心)과 치심(癡心)을 일으켜 몸과 말과 뜻으로 지은 악업(惡業)이 무량하여 끝이 없었으리니, 만일 그 악업에 형체가 있다면 끝없는 허공으로도 다 수용할 수 없으리이다. 이제 청정한 삼업(三業)으로 법계에 두루하신 한량없는 불보살님 전에 지성으로 참회하되, 다시는 악한 업을 짓지 않고 항상 청정한 계율의 모든 공덕 속에 머물러 있겠나이다.'라고 하는 것이니라.

이와 같이 하여 허공계가 다하고 중생계가 다하고 중생의 업이 다하고 중생의 번뇌가 다할지면 나의 참회도 다하려니와, 허공계 및 중생의 번뇌가 다함이 없으면 나의 참회도 다함이 없느니라. 그리고 염념히 계속하여 끊임이 없건만 몸과 말과 뜻에는 지치거나 싫어함이 조금도 없느니라.

⑤ 남이 짓는 공덕을 수희함 〔隨喜功德〕

선남자야, 어떻게 하는 것이 수희공덕인가?

온 법계·허공계·시방삼세 일체세계의 티끌수만큼 많은 부처님들께서는 처음 발심을 한 때부터 일체지를 이루기 위해 부지런히 복덕을 닦되 몸과 목숨을 아끼지 않았나니, 일체세계의 티끌수만큼 많은 겁을 지나는 동안 헤아릴 수 없이 많은 머리와 눈과 손과 발을 아낌없이 보시하셨느니라. 또 어렵고 힘든 고행〔難行苦行〕을 하면서 가지가지 바라밀문을 원만히 갖추셨고, 가지가지 보살의 지혜땅〔智地〕에 들어가서 부처님들의 무상보리(위없는 깨달음)를 성취하셨으며, 열반에 든 뒤에는 그 사리를 나누게 하셨나니, 이와 같은 모든 선근을 내가 모두 수희(따라서 기뻐함)하는 것이니라.

또 시방 일체세계의 육도와 사생의 중생이 털끝만한 공덕을 지을지라도 내가 모두 수희하고, 시방삼세 일체 성문과 벽지불, 유학(배울 것이 남아 있는 이)과 무학(더 이상 배울 것이 없는 이)의 온갖 공덕을 내가 모두 수희하며, 일체

88

보살이 어렵고 힘든 고행을 닦으며 무상정등보[無上正等菩] 리(위없고 바르고 평등한 깨달음)[提]를 구하였던 넓고 큰 공덕들을 내가 모두 수희하는 것이니라.

이와 같이 하여 허공계가 다하고 중생계가 다하고 중생의 업이 다하고 중생의 번뇌가 다할지라도 나의 수희함은 다함이 없느니라. 그리고 염념히 계속 수희하여 끊임이 없건만, 몸과 말과 뜻에는 지치거나 싫어함이 조금도 없느니라.

⑥ 설법하여 주시기를 청함〔請轉法輪〕[청전법륜]

선남자야, 어떻게 하는 것이 청전법륜[請轉法輪]인가?

온 법계·허공계·시방삼세 일체세계의 티끌 하나하나마다 이루 다 말할 수 없이 많은 부처님의 광대한 세계가 있고, 그 낱낱의 세계에서는 잠깐 사이에 이루 다 말할 수 없이 많은 부처님이 등정각[等正覺](평등하고 바른 깨달음)을 이루시나니, 보살 대중들이 이 부처님들을 에워싸서 모시고 있느니라. 그때 내가 몸과 말과 뜻으로 가지가지 방편을 지어 부처님께 설법하여 주시기를 은근히 권청[勸請]하는 것이니라.

이와 같이 하여 허공계가 다하고 중생계가 다하고 중생의 업이 다하고 중생의 번뇌가 다할지라도, 모든 부처님께 항상 정법을 설하여 주시기를 청함은 다함이 없느니라. 그리고 염념히 계속 청법하여 끊임이 없건만, 몸과 말과 뜻에는 지치거나 싫어함이 조금도 없느니라.

⑦ 부처님이 세상에 오래 계시기를 청함〔請佛住世〕

선남자야, 어떻게 하는 것이 청불주세인가?

온 법계·허공계·시방삼세 일체세계에 계신 수많은 부처님들께서 열반에 들고자 하실 때나 보살·성문·연각·유학·무학 등의 모든 선지식들에게, '열반에 들지 말고 일체세계의 티끌수만큼 많은 겁 동안 세상에 머무르시어 일체 중생을 이롭게 하여 주소서.' 하고 권청을 하는 것이니라.

이와 같이 하여 허공계가 다하고 중생계가 다하고 중생의 업이 다하고 중생의 번뇌가 다할지라도, 나의 권청은 다함이 없느니라. 그리고 염념히 계속 권청하여 끊임이 없건만, 몸과 말과 뜻에는

지치거나 싫어함이 조금도 없느니라.

⑧ 항상 부처님을 따라 배움〔常隨佛學〕

선남자야, 어떻게 하는 것이 상수불학인가?

이 사바세계의 비로자나불(석가모니불의 근본 법신불)께서는 처음 발심한 때부터 물러남 없이 정진을 하고 무수히 많은 몸과 목숨으로 보시를 하셨나니, 가죽을 벗겨 종이를 삼고〔剝皮爲紙〕 뼈를 쪼개어 붓을 삼고〔析骨爲筆〕 피를 뽑아 먹물을 삼아〔刺血爲墨〕 쓰신 경전이 수미산 높이만큼이나 되었느니라.

이처럼 법을 소중히 여겨 몸과 목숨을 아끼지 않으셨거늘, 하물며 왕위나 도시·시골·동산 따위의 모든 소유물을 보시하거나 어렵고 힘든 고행을 함이랴.

또한 보리수 아래에서 정각을 이루셨던 일이며, 여러 가지 신통을 보이고 가지가지 변화를 일으켰던 일이며, 여러 가지 몸을 나타내어 온갖 대중이 모인 곳에 계시되, 모든 보살 대중이 모인 도량이나, 전륜성왕·소왕과 그 권속들이 모인 도량이나,

찰제리·바라문·장자·거사들이 모인 도량이나,
刹帝利　婆羅門　長者　居士

천·용 등의 팔부신중과 인비인들이 모인 도량에
天　龍　　八部神衆　　人非人

서 원만한 음성〔圓滿音〕을 천둥소리처럼 울리게 하
　　　　　원만음

여 각자의 좋아하고 바라는 바를 따라 중생을 성

숙하게 하셨던 일이며, 마침내 열반에 드심을 나

타내어 보이셨던 일 등을 내가 모두 따라서 배우

는 것이니라. 나아가 지금의 세존이신 비로자나불

께 하는 것처럼 온 법계·허공계·시방삼세 일체세

계의 티끌수만큼 많은 모든 부처님께도 이와 같이

하여, 염념히 따라서 배우는 것이니라.

이와 같이 하여 허공계가 다하고 중생계가 다

하고 중생의 업이 다하고 중생의 번뇌가 다할지라

도, 나의 부처님을 따라 배움은 다함이 없느니라.

그리고 염념히 따라서 배워 끊임이 없건만, 몸과

말과 뜻에는 지치거나 싫어함이 조금도 없느니라.

⑨ 항상 중생을 수순함〔恒順衆生〕
　　　　　　　　　　　항순중생

선남자야, 어떻게 하는 것이 항순중생인가?
　　　　　　　　　　　　恒順衆生

온 법계·허공계·시방세계의 중생들에게는 여

러 가지 차별이 있나니, 난생이나 태생이나 습생^{卵生 胎生 濕生}
이나 화생을 한 중생들은 땅과 물과 불과 바람을^{化生}
의지하여 살기도 하고 허공을 의지하여 살기도 하
고 풀과 나무를 의지하여 살기도 하느니라. 이러
한 갖가지 생류들은 여러 가지 몸과 여러 가지 형^{生類}
상과 여러 가지 생김새와 여러 가지 수명을 가지
고 있고, 다양한 종족과 다양한 이름과 다양한 성
질과 다양한 소견과 다양한 욕망과 다양한 뜻을
가지고 있으며, 여러 가지 위의와 여러 가지 의복^{威儀}
과 여러 가지 음식으로 살아가느니라.

　　여러 시골의 마을과 도시의 큰 집에 사는 이들
이며, 천·용 팔부신중과 인비인들이며, 발 없는^{人非人}
것·두발 가진 것·네발 가진 것·여러 발 가진 것들
이며, 형체 있는 것·형체 없는 것·생각이 있는 것·
생각이 없는 것·생각이 있는 것도 아니요 없는 것
도 아닌 것 등을 내가 다 수순(뜻을 따름)하여, 섬기고 공
양하기를 부모님 모시듯이 하고, 스승·아라한·부^{阿羅漢}
처님과 다름없이 받드느니라.

병든 이에게는 의원이 되고, 길 잃은 이에게는 바른 길잡이가 되고, 어두운 밤에는 광명이 되고, 가난한 이에게는 재물을 얻을 수 있게 하느니라.

이와 같이 보살은 일체 중생을 평등하게 보고 이롭게 하나니, 무슨 까닭인가? 보살이 중생을 수순하면 부처님을 수순하여 받드는 것이 되고, 중생을 존중하여 받들면 부처님을 존중하여 받드는 것이 되며, 중생을 기쁘게 하면 모든 부처님을 기쁘게 하는 것이 되기 때문이니라.

왜냐하면 부처님은 대비심(大悲心)을 바탕[體]체으로 삼고 있기 때문이니, 중생으로 인하여 대비심을 일으키고, 대비심으로 인하여 보리심(菩提心)을 발하고, 보리심으로 인하여 정각(正覺)을 이루시느니라.

마치 넓은 벌판 모래밭에 서 있는 큰 나무의 뿌리가 물을 만나면 가지와 잎과 꽃과 열매가 모두 무성해지듯이, 생사(生死) 광야(曠野)의 보리수왕(菩提樹王) 또한 이와 같으니라.

일체 중생은 보리수의 뿌리가 되고, 부처님과

보살들은 꽃과 열매가 되나니, 대자비의 물[大悲水]로 뿌리인 중생을 이롭게 하면 곧바로 불보살들의 지혜꽃과 열매가 성숙하게 되느니라.

어찌하여 그러한가? 만일 보살들이 대자비의 물로 중생들을 이롭게 하면 능히 아뇩다라삼먁삼보리를 성취하게 되나니, 보리는 중생에게 속한 것이요, 중생이 없으면 보살은 끝내 무상정각(無上正覺)을 이루지 못하기 때문이니라.

선남자야, 그대는 이 이치를 분명히 알아야 하나니, 중생들에게 마음을 평등하게 가지면 능히 원만한 대자비를 성취하고, 대비심으로 중생들을 수순하면 부처님께 올리는 공양도 능히 성취하게 되느니라.

보살은 이와 같이 중생을 수순하나니, 허공계가 다하고 중생계가 다하고 중생의 업이 다하고 중생의 번뇌가 다할지라도 나의 중생 수순은 다함이 없느니라. 그리고 염념히 계속 수순하여 끊임이 없건만, 몸과 말과 뜻에는 지치거나 싫어함이 조

금도 없느니라.

⑩ 모든 공덕을 회향함 〔普皆廻向〕
　　　　　　　　　　보개회향

선남자야, 어떻게 하는 것이 보개회향인가?
　　　　　　　　　　　　　　　　普皆廻向

처음의 예경제불에서부터 항순중생까지의 모
　　　　禮敬諸佛　　　　　　　　恒順衆生

든 공덕을 온 법계와 허공계의 일체 중생에게 남
김없이 회향(되돌려서
향하게 함)하여 중생들로 하여금,

· 항상 안락하고 병고가 없기를 원하며
　　　　安樂

· 행하고자 하는 악법은 하나도 이루어지지 않고
　　　　　　　　　惡法

선업은 모두 빨리 이루어지며
善業

· 삼악도 등의 나쁜 갈래〔惡趣〕로 가는 문은 모두
　　　　　　　　　　　악취

닫히고 인간이나 천상이나 열반에 이르는 바른 길
만 활짝 열리며

· 중생들이 짓고 쌓은 악업 때문에 받게 되는 지극
히 무겁고 괴로운 과보들을 내가 대신하여 받으며
　　　　　　果報

· 그 중생들이 다 해탈을 얻고 마침내는 무상보리
　　　　　　　　　　　　　　　　　　　無上菩提

를 성취하기를 원하는 것이니라.

　보살은 이와 같이 회향하나니, 허공계가 다하
고 중생계가 다하고 중생의 업이 다하고 중생의

번뇌가 다할지라도 나의 이 회향은 다함이 없느니라. 그리고 염념히 계속 회향하여 끊임이 없건만, 몸과 말과 뜻에는 지치거나 싫어함이 조금도 없느니라.

총결總結

선남자야, 이것이 보살마하살의 십종대원十種大願을 구족具足하고 원만圓滿하게 함이니라.

만일 모든 보살이 이 대원을 따라 나아가면, 능히 일체 중생을 성숙시키고, 능히 아뇩다라삼먁삼보리에 이르게 되고, 능히 보현보살의 수행과 원력의 바다〔行願海행원해〕를 가득 채우게 되느니라.

그러므로 선남자야, 그대는 다음의 이치를 분명히 알아야 한다.

만일 어떤 선남자 선여인이 시방에 가득하기가 한량이 없고 끝이 없고 이루 다 말할 수 없이 많은 국토의 가장 좋은 칠보와, 천상·인간 세계에서 가장 훌륭하고 편안하고 즐거운 것들로, 일체 세계의 중생들에게 보시를 하고 일체 세계의 불보살들

97

께 공양하기를 모든 국토의 티끌수만큼이나 많은 겁 동안 끊임없이 계속하여 얻게 되는 공덕과, 어떤 이가 으뜸가는 이 십종대원을 한 번 들은 공덕과 비교를 하면, 앞의 공덕은 뒤의 것의 백분의 일에도 미치지 못하고 천분의 일에도 미치지 못하고 백만분의 일에도 미치지 못하느니라.

또 어떤 이가 깊은 신심(信心)으로 이 십종대원을 수지(受持)하여 독송하거나 사구게(四句偈) 하나만이라도 사경하게 되면 오무간지옥(五無間地獄)에 떨어질 죄업이라도 이내 소멸되고, 이 세간에서 받는 몸과 마음의 병이나 가지가지 괴로움이 소멸되며, 일체 세계의 티끌수만큼 많은 악업들이 모두 소멸되느니라.

그리고 온갖 마군(魔軍)과 야차(夜叉)와 나찰(羅刹)과 구반다(鳩槃茶) 등 피를 빨아 마시고 살을 먹는 몹쓸 귀신들이 멀리 떠나가거나, 발심(發心)을 하여 가까이에 있으면서 늘 수호하느니라.

그러므로 이 십종대원을 외우는 사람은 어떠한 세간(世間)을 다니더라도 공중의 달이 구름 밖으로 나

온 것과 같아서 세간살이에서 조그마한 장애도 없을 뿐더러, 불보살님이 모두 칭찬하고, 천인과 인간들이 다 예경하며, 일체 중생이 두루 공양하느니라.

이 선남자는 훌륭한 사람의 몸을 얻어 보현보살의 공덕을 원만히 갖추고, 오래지 않아 보현보살과 같은 미묘한 몸을 성취하여 서른 두 가지 대장부상[三十二大丈夫相]을 갖추게 되며, 천상이나 인간 세상에 나면 항상 가장 좋은 가문에 태어나며, 나쁜 세상들을 없애고 나쁜 친구들을 멀리 떠나며, 모든 외도[外道]를 항복 받고 온갖 번뇌를 모두 해탈함이 큰 사자가 뭇 짐승들을 굴복시키듯이 하며, 모든 중생의 공양을 받게 되느니라.

또 이 사람이 목숨을 마치는 마지막 찰나에 육신은 다 무너져 흩어지고, 모든 친척과 권속들은 모두 떠나가며, 일체의 권세를 잃어 고관대작과 궁성 안팎의 사람과 코끼리·말·수레·보배·비밀창고[伏藏]들이 하나도 따라오지 않지만, 이 십종대

원만은 떠남이 없이 항상 앞길을 인도하여, 한 찰나 사이에 극락세계에 왕생하고 곧바로 아미타불과 문수보살·보현보살·관자재보살·미륵보살 등을 뵙게 되나니, 단정한 모습에 공덕을 구족한 이 보살들은 아미타불 곁에 앉아 있느니라.

그리고 왕생한 이는 제 몸이 연꽃 위에 태어나 부처님으로부터 수기(授記)를 받음을 스스로 보게 되며, 수기를 받고는 무수한 세월 동안 시방의 한량없는 세계를 다니며 지혜의 힘으로 중생들의 마음을 헤아려 이롭게 하느니라.

또한 오래지 않아서 보리도량에 앉아 마군들을 항복 받고 등정각을 성취하며, 묘한 법문을 설하여 능히 모든 국토의 티끌수만큼이나 많은 세계의 중생들로 하여금 보리심을 내게 하고, 근기(根機)에 따라 그들을 교화하여 성숙시키며, 미래 겁이 다할 때까지 일체 중생을 이롭게 하느니라.

선남자야, 저 중생들이 원왕(願王)인 이 십종대원을 듣고 믿고 수지하고 독송하고 남을 위해 연설해주

면, 부처님을 제외하고는 그 공덕을 알 수 있는 이가 없느니라.

그러므로 그대들은 이 대원들을 듣거든 의심없이 잘 받아들이고, 받아서는 능히 읽고, 읽고는 능히 외우고, 외우고는 능히 지녀 사경을 하고 남을 위해 널리 설할지니라.

이러한 사람은 한 생각〔一念〕 동안에 온 행원을 다 성취할 것이니, 얻는 복덕은 한량이 없고 끝이 없으며, 중생들을 번뇌의 고통 바다〔苦海〕에서 건져내어 생사를 멀리 떠난 아미타불의 극락세계에 왕생하게 하느니라."

이때 보현보살마하살은 이 뜻을 거듭 펴기 위해 시방을 두루 살피면서 게송으로 이르셨다.

예경제불 禮敬諸佛

소유시방세계중
所有十方世界中
가이없는 시방삼세 가운데 계신

삼세일체인사자
三世一切人師子
모든 이의 스승이신 부처님들께

아이청정신어의
我以淸淨身語意
맑고 맑은 몸과 말과 뜻을 기울여

일체변례진무여
一切遍禮盡無餘
빠짐없이 두루두루 예경하옵되

보현행원위신력
普賢行願威神力
보현보살 행과 원과 위신력으로

보현일체여래전
普現一切如來前
널리일체 여래전에 몸을 나투고

일신부현찰진신
一身復現刹塵身
한 몸으로 무수한몸 다시 나투어

일일변례찰진불
一一遍禮刹塵佛
일체제불 빠짐없이 예경합니다

칭찬여래稱讚如來

어일진중진수불
於一塵中塵數佛
한티끌 속 한량없는 부처 계시고

각처보살중회중
各處菩薩衆會中
그곳마다 많은보살 모여있으며

무진법계진역연
無盡法界塵亦然
온 법계의 티끌 속도 또한 그같이

심신제불개충만
深信諸佛皆充滿
부처님의 가득하심 깊이 믿기에

각이일체음성해
各以一切音聲海
몸몸마다 한량없는 음성으로써

보출무진묘언사
普出無盡妙言詞
다함없는 묘한 말씀 모두내어서

진어미래일체겁
盡於未來一切劫
오는세상 일체겁이 다할때까지

찬불심심공덕해
讚佛甚深功德海
부처님의 깊은공덕 찬탄합니다

광수공양廣修供養

이제최승묘화만
以諸最勝妙華鬘
아름답기 으뜸가는 여러 꽃타래

기악도향급산개
妓樂塗香及傘蓋
좋은음악 좋은향수 좋은일산등

여시최승장엄구
如是最勝莊嚴具
훌륭하기 그지없는 장엄구로써

아이공양제여래
我以供養諸如來
시방삼세 부처님께 공양하오며

최승의복최승향
最勝衣服最勝香
으뜸가는 좋은의복 좋은향들과

말향소향여등촉
末香燒香與燈燭
가루향과 사르는향 등과촛불을

일일개여묘고취
一一皆如妙高聚
하나하나 수미산의 높이로쌓아

아실공양제여래
我悉供養諸如來
일체여래 빠짐없이 공양하오며

아이광대승해심
我以廣大勝解心
넓고크고 지혜로운 이마음으로

심신일체삼세불
深信一切三世佛
시방삼세 부처님을 깊이믿기에

실이보현행원력
悉以普賢行願力
보현보살 행원력을 모두기울여

보변공양제여래
普遍供養諸如來
일체제불 빠짐없이 공양합니다

참회업장懺悔業障

아석소조제악업
我昔所造諸惡業
이제까지 제가지은 모든악업은

개유무시탐진치
皆由無始貪瞋癡
무시이래 탐심진심 치심일으켜

종신어의지소생
從身語意之所生
몸과말과 생각으로 지었음이라

일체아금개참회
一切我今皆懺悔
제가이제 남김없이 참회합니다

수희공덕隨喜功德

시방일체제중생
十方一切諸衆生
시방삼세 여러종류 모든중생과

이승유학급무학
二乘有學及無學
성문연각 유학무학 여러이승과

일체여래여보살
一切如來與菩薩
일체세계 부처님과 모든보살의

소유공덕개수희
所有功德皆隨喜
지니오신 온갖공덕 수희합니다

청전법륜請轉法輪

시방소유세간등
十方所有世間燈
시방세계 계시옵는 세간등불과

최초성취보리자
最初成就菩提者
제일먼저 보리도를 이루신 님께

아금일체개권청
我今一切皆勸請
가장높은 묘한법문 설하시기를

전어무상묘법륜
轉於無上妙法輪
제가이제 지성다해 권청합니다

청불주세請佛住世

제불약욕시열반
諸佛若欲示涅槃
부처님이 반열반에 들려하실때

아실지성이권청
我悉至誠而勸請
모든지성 기울여서 권청하오니

유원구주찰진겁
惟願久住刹塵劫
무량겁을 이세상에 계시오면서

이락일체제중생
利樂一切諸衆生
일체중생 이락하게 살펴주소서

보개회향普皆廻向

소유예찬공양불
所有禮讚供養佛
예경하고 찬탄하고 공양한복덕

청불주세전법륜
請佛住世轉法輪
오래계셔 법문하심 권청한공덕

수희참회제선근
隨喜懺悔諸善根
수희하고 참회하온 온갖선근을

회향중생급불도
廻向衆生及佛道
중생들과 보리도에 회향합니다

상수불학常隨佛學

아수일체여래학
我隨一切如來學
제가모든 부처님을 따라배우고

수습보현원만행
修習普賢圓滿行 　보현보살 원만행을 닦아익히며

공양과거제여래
供養過去諸如來 　지난세상 계시었던 부처님들과

급여현재시방불
及與現在十方佛 　이세상에 지금계신 부처님들과

미래일체천인사
未來一切天人師 　미래세의 부처님께 공양하옵되

일체의요개원만
一切意樂皆圓滿 　즐거움과 원만함이 가득케하고

아원보수삼세학
我願普隨三世學 　한결같이 부처님을 따라배워서

속득성취대보리
速得成就大菩提 　무상보리 속히얻기 원하옵니다

항순중생恒順衆生

소유시방일체찰
所有十方一切刹 　시방삼세 많고많은 세계중에서

광대청정묘장엄
廣大淸淨妙莊嚴 　넓고맑고 묘한장엄 이뤄진곳에

중회위요제여래
衆會圍遶諸如來 　대중들이 에워싸서 모시고있는

실재보리수왕하
悉在菩提樹王下 　부처님이 보리수밑 앉아계시니

시방소유제중생
十方所有諸衆生 　시방세계 살고있는 모든중생들

원리우환상안락
願離憂患常安樂 　근심걱정 멀리떠나 항상즐겁고

획득심심정법리
獲得甚深正法利 　깊고깊은 바른법의 이익을얻어

멸제번뇌진무여
滅除煩惱盡無餘 　모든번뇌 남김없이 없애지이다

보현행을 돕는 기타 발원

아위보리수행시
我爲菩提修行時 　제가보리 얻기위해 수행을할때

일 체 취 중 성 숙 명 一切趣中成宿命	태어나는 곳곳마다 숙명통 얻고
상 득 출 가 수 정 계 常得出家修淨戒	출가하여 청정계행 바르게 닦아
무 구 무 파 무 천 루 無垢無破無穿漏	더러움과 파계함과 번뇌없으며
천 룡 야 차 구 반 다 天龍夜叉鳩槃茶	천과 용과 야차들과 구반다들과
내 지 인 여 비 인 등 乃至人與非人等	사람들과 사람아닌 중생들에게
소 유 일 체 중 생 어 所有一切衆生語	그네들이 쓰고있는 언어들로써
실 이 제 음 이 설 법 悉以諸音而說法	여러 좋은 법문들을 설해지이다
근 수 청 정 바 라 밀 勤修清淨波羅蜜	청정하온 바라밀을 꾸준히 닦아
항 불 망 실 보 리 심 恒不忘失菩提心	어느때나 보리심을 잊음이 없고
멸 제 장 구 무 유 여 滅除障垢無有餘	모든 장애 모든 허물 소멸하여서
일 체 묘 행 개 성 취 一切妙行皆成就	묘하기가 그지없는 행을 이루고
어 제 혹 업 급 마 경 於諸惑業及魔境	번뇌들과 업장들과 마의 경계와
세 간 도 중 득 해 탈 世間道中得解脫	세간 속의 온갖 일에 해탈 얻음이
유 여 연 화 불 착 수 猶如蓮華不着水	물방울이 묻지않는 연꽃잎 같고
역 여 일 월 부 주 공 亦如日月不住空	일월처럼 머뭄없게 하여지이다
실 제 일 체 악 도 고 悉除一切惡道苦	일체악도 온갖 고통 모두없애고
등 여 일 체 군 생 락 等與一切群生樂	중생에게 평등하게 기쁨을 주되
여 시 경 어 찰 진 겁 如是經於刹塵劫	끝이없는 세월 동안 쉬는일없이

십방이익항무진
十方利益恒無盡
시방중생 이롭게함 한량없나니

아상수순제중생
我常隨順諸衆生
저 언제나 중생들을 수순하면서

진어미래일체겁
盡於未來一切劫
오는세상 일체겁이 다할때까지

항수보현광대행
恒修普賢廣大行
광대하기 그지없는 보현행 닦아

원만무상대보리
圓滿無上大菩提
가장높은 보리도를 이루리이다

소유여아동행자
所有與我同行者
저와함께 보현행을 닦는이들은

어일체처동집회
於一切處同集會
날때마다 같은곳에 함께모여서

신구의업개동등
身口意業皆同等
몸과말과 생각으로 같은일하고

일체행원동수학
一切行願同修學
모든수행 모든서원 같이닦으며

소유익아선지식
所有益我善知識
저희에게 이익주는 선지식들도

위아현시보현행
爲我顯示普賢行
보현행을 나타내고 보여주면서

상원여아동집회
常願與我同集會
어느때나 저희들과 함께하옵고

어아상생환희심
於我常生歡喜心
환희심을 항상내기 원하옵니다

원상면견제여래
願常面見諸如來
원하오니 부처님을 뵈올때마다

급제불자중위요
及諸佛子衆圍遶
불자들이 에워싸서 함께모시며

어피개흥광대공
於彼皆興廣大供
훌륭하기 그지없는 공양올리되

진미래겁무피염
盡未來劫無疲厭
미래겁이 다하도록 싫증냄없고

원지제불미묘법
願持諸佛微妙法
부처님의 묘한법문 받아지녀서

光顯一切菩提行 (광현일체보리행)　가지가지 보리행을 빛나게 하며

究竟淸淨普賢道 (구경청정보현도)　청정하기 그지없는 보현의 도를

盡未來劫常修習 (진미래겁상수습)　오는세상 다하도록 익히오리다

我於一切諸有中 (아어일체제유중)　시방세계 모든곳을 두루다니며

所修福智恒無盡 (소수복지항무진)　닦은복과 얻은지혜 다함이없고

定慧方便及解脫 (정혜방편급해탈)　선정지혜 방편들과 해탈법으로

獲諸無盡功德藏 (획제무진공덕장)　한량없는 공덕장을 모두이루어

一塵中有塵數刹 (일진중유진수찰)　한티끌속 한량없는 세계에계신

一一刹有難思佛 (일일찰유난사불)　생각으로 셀수없는 부처님께서

一一佛處衆會中 (일일불처중회중)　모여있는 많고많은 대중을위해

我見恒演菩提行 (아견항연보리행)　보리행을 연설하심 뵈어지이다

普盡十方諸刹海 (보진시방제찰해)　끝이없는 공간속의 모든세계와

一一毛端三世海 (일일모단삼세해)　한량없는 시간속에 언제나있는

佛海及與國土海 (불해급여국토해)　부처님의 나라들과 국토속에서

我遍修行經劫海 (아변수행경겁해)　무량겁을 수행하기 원하옵니다

一切如來語淸淨 (일체여래어청정)　일체여래 모든말씀 청정하시니

一言具衆音聲海 (일언구중음성해)　일음속에 여러가지 음성갖추고

隨諸衆生意樂音 (수제중생의요음)　중생들의 뜻에맞는 법을설하니

一一流佛辯才海 일일유불변재해
이게 바로 부처님의 변재입니다

三世一切諸如來 삼세일체제여래
시방삼세 한량없는 부처님들은

於彼無盡語言海 어피무진어언해
어느때나 다함없는 음성으로써

恒轉理趣妙法輪 항전이취묘법륜
깊은이치 묘한법문 설하시오니

我深智力普能入 아심지력보능입
제 지혜로 요달하게 하여지이다

我能深入於未來 아능심입어미래
제가 능히 미래까지 깊이 들어가

盡一切劫爲一念 진일체겁위일념
일체겁을 모두모아 일념을삼고

三世所有一切劫 삼세소유일체겁
삼세 속의 일체겁을 모두통틀어

爲一念際我皆入 위일념제아개입
일념으로 만들어서 들어가리니

我於一念見三世 아어일념견삼세
그 일념에 한량없는 부처님들을

所有一切人師子 소유일체인사자
남김없이 두루두루 모두뵈옵고

亦常入佛境界中 역상입불경계중
어느때나 부처님의 경계에 들어

如幻解脫及威力 여환해탈급위력
여환삼매 해탈의힘 이루오리다

於一毛端極微中 어일모단극미중
미세하기 그지없는 티끌 속에다

出現三世莊嚴刹 출현삼세장엄찰
삼세 속의 장엄세계 나타내오면

十方塵刹諸毛端 시방진찰제모단
시방세계 한량없는 털끝들마다

我皆深入而嚴淨 아개심입이엄정
제가깊이 들어가서 청정을얻고

所有未來照世燈 소유미래조세등
미래세상 두루비출 세간등불들

성 도 전 법 오 군 유	
成道轉法悟群有	부처되어 설법하고 중생건진뒤
구 경 불 사 시 열 반	
究竟佛事示涅槃	해야할일 다했다며 열반에들면
아 개 왕 예 이 친 근	
我皆往詣而親近	제가두루 나아가서 섬기오리다
속 질 주 변 신 통 력	
速疾周遍神通力	재빠르게 이뤄내는 신통의힘과
보 문 변 입 대 승 력	
普門遍入大乘力	일체문에 다통하는 대승의힘과
지 행 보 수 공 덕 력	
智行普修功德力	지혜와행 닦아얻는 공덕의힘과
위 신 보 부 대 자 력	
威神普覆大慈力	큰덕으로 널리덮는 자비의힘과
변 정 장 엄 승 복 력	
遍淨莊嚴勝福力	청정하게 장엄하는 복덕의힘과
무 착 무 의 지 혜 력	
無着無依智慧力	집착없고 기댐없는 지혜의힘과
정 혜 방 편 위 신 력	
定慧方便威神力	선정지혜 좋은방편 위신의힘과
보 능 적 집 보 리 력	
普能積集菩提力	두루널리 쌓아모은 보리의힘과
청 정 일 체 선 업 력	
清淨一切善業力	모든것을 맑게하는 선업의힘과
최 멸 일 체 번 뇌 력	
摧滅一切煩惱力	온갖번뇌 쳐부수는 깨끗한힘과
항 복 일 체 제 마 력	
降伏一切諸魔力	마군들을 항복받는 거룩한힘과
원 만 보 현 제 행 력	
圓滿普賢諸行力	보현행을 원만하게 닦는힘으로
보 능 엄 정 제 찰 해	
普能嚴淨諸刹海	모든세계 청정하게 장엄하옵고
해 탈 일 체 중 생 해	
解脫一切衆生海	한량없는 중생들을 해탈케하며
선 능 분 별 제 법 해	
善能分別諸法海	그지없는 법문들을 요달하여서

110

능심심입지혜해
能甚深入智慧海　　　지혜 바다 깊이깊이 들어가리다

대원을 매듭지음

보능청정제행해
普能清淨諸行海　　　어디서나 모든 행을 깨끗이 닦고

원만일체제원해
圓滿一切諸願海　　　가지가지 서원들을 원만히 하고

친근공양제불해
親近供養諸佛海　　　일체 여래 친근하여 공양 올리고

수행무권경겁해
修行無倦經劫海　　　무량겁을 부지런히 수행하면서

삼세일체제여래
三世一切諸如來　　　삼세 속의 한량없는 부처님들의

최승보리제행원
最勝菩提諸行願　　　가장 높은 보리위한 행과 원들을

아개공양원만수
我皆供養圓滿修　　　제가 모두 공양하며 원만히 닦아

이보현행오보리
以普賢行悟菩提　　　보현행원 크나큰 도 이루오리다

일체여래유장자
一切如來有長子　　　온 세계의 부처님들 맏아들이요

피명호왈보현존
彼名號曰普賢尊　　　그 이름도 거룩하신 보현보살께

아금회향제선근
我今廻向諸善根　　　제가 이제 모든 선근 회향하오니

원제지행실동피
願諸智行悉同彼　　　저의 지행(智行) 또한 그와 같아지이다

원신구의항청정
願身口意恒清淨　　　몸과 말과 뜻의 업이 늘 청정하고

제행찰토역부연
諸行刹土亦復然　　　모든 행과 계신 국토 항상 청정한

여시지혜호보현
如是智慧號普賢　　　맑은 지혜 갖춘 분이 보현이시니

원아여피개동등
願我與彼皆同等　　　저 보살과 같아지기 원하옵니다

아 위 변 정 보 현 행
我爲遍淨普賢行
제가 이제 청정하온 보현의 행과

문 수 사 리 제 대 원
文殊師利諸大願
문수사리 보살님의 큰 원력으로

만 피 사 업 진 무 여
滿彼事業盡無餘
온갖 불사 남김없이 원만히 닦되

미 래 제 겁 항 무 권
未來際劫恒無倦
미래겁이 다하도록 싫증냄 없고

아 소 수 행 무 유 량
我所修行無有量
한량없는 수행들을 모두 닦아서

획 득 무 량 제 공 덕
獲得無量諸功德
그지없는 공덕들을 모두 이루고

안 주 무 량 제 행 중
安住無量諸行中
끝이 없는 온갖 행에 머무르면서

요 달 일 체 신 통 력
了達一切神通力
가지가지 신통 묘용 요달하오며

문 수 사 리 용 맹 지
文殊師利勇猛智
문수보살 용맹하고 크신 지혜와

보 현 혜 행 역 부 연
普賢慧行亦復然
보현보살 지혜행에 사무치고자

아 금 회 향 제 선 근
我今廻向諸善根
제가 이제 일체 선근 회향하면서

수 피 일 체 상 수 학
隨彼一切常修學
님들따라 모든 것을 배우오리다

삼 세 제 불 소 칭 탄
三世諸佛所稱歎
시방삼세 여래께서 칭찬하시는

여 시 최 승 제 대 원
如是最勝諸大願
훌륭하기 그지없는 십종대원에

아 금 회 향 제 선 근
我今廻向諸善根
제가 이제 온갖 선근 회향하오니

위 득 보 현 수 승 행
爲得普賢殊勝行
보현보살 수승한 행 얻어지이다

정토왕생발원

원 아 임 욕 명 종 시
願我臨欲命終時
원하오니 이 목숨이 다하려 할때

盡除一切諸障碍	모든 업장	온갖 장애	다 없어져서
진제일체제장애			
面見彼佛阿彌陀	한 찰나에	아미타불	만나 뵈옵고
면견피불아미타			
卽得往生安樂刹	지체없이	극락왕생	하여지이다
즉득왕생안락찰			
我旣往生彼國已	극락세계	제가 가서	난 다음에는
아기왕생피국이			
現前成就此大願	대원들을	눈앞에서	모두 이루고
현전성취차대원			
一切圓滿盡無餘	온갖 것을	원만하게	두루 갖추어
일체원만진무여			
利樂一切衆生界	일체 중생	이락하게	살펴지이다
이락일체중생계		利樂	
彼佛衆會咸淸淨	청정하온	아미타불	극락회상의
피불중회함청정			
我時於勝蓮華生	구품연지	연꽃 위에	바로 태어나
아시어승연화생			
親覩如來無量光	무량한 빛	아미타불	친견하오면
친도여래무량광			
現前授我菩提記	그 찰나에	보리 수기	내려주시니
현전수아보리기			
蒙彼如來授記已	부처님의	보리 수기	받자옵고는
몽피여래수기이			
化身無數百俱胝	백억화신	마음대로	나타내어서
화신무수백구지			
智力廣大徧十方	대지혜로	시방세계	두루 다니며
지력광대변시방			
普利一切衆生界	일체 중생	이익 되게	하겠나이다
보리일체중생계			
乃至虛空世界盡	허공계와	중생계가	모두 다하고
내지허공세계진			
衆生及業煩惱盡	중생업과	중생 번뇌	모두 다함은
중생급업번뇌진			
如是一切無盡時	넓고 크고	가이없고	한량없으니
여시일체무진시			

^{원 아 구 경 항 무 진}
我願究竟恒無盡　저희들의 행원또한 이러지이다

보현행원의 공덕

^{시 방 소 유 무 변 찰}
十方所有無邊刹　가이없는 시방세계 가운데있는

^{장 엄 중 보 공 여 래}
莊嚴衆寶供如來　칠보로써 부처님께 공양을하고

^{최 승 안 락 시 천 인}
最勝安樂施天人　모든인간 천인에게 무량겁 동안

^{경 일 체 겁 미 진 겁}
經一切刹微塵劫　가장좋은 안락함을 보시하여도

^{약 인 어 차 승 원 왕}
若人於此勝願王　어떤이가 거룩하온 보현행원을

^{일 경 어 이 능 생 신}
一經於耳能生信　한번듣고 지성으로 믿음을내어

^{구 승 보 리 심 갈 앙}
求勝菩提心渴仰　무상보리 구할생각 간절히하면

^{획 승 공 덕 과 어 피}
獲勝功德過於彼　그공덕이 저복보다 훨씬큽니다

^{즉 상 원 리 악 지 식}
卽常遠離惡知識　그는항상 나쁜벗을 멀리떠나고

^{영 리 일 체 제 악 도}
永離一切諸惡道　영원토록 모든악도 만남없으며

^{속 견 여 래 무 량 광}
速見如來無量光　무량한빛 아미타불 속히뵙고서

^{구 차 보 현 최 승 원}
具此普賢最勝願　가장높은 보현행원 갖추게되니

^{차 인 선 득 승 수 명}
此人善得勝壽命　그사람은 길고도긴 수명을얻고

^{차 인 선 래 인 중 생}
此人善來人中生　날때마다 항상좋은 사람몸받아

^{차 인 불 구 당 성 취}
此人不久當成就　머지않은 세월뒤에 보현보살의

^{여 피 보 현 보 살 행}
如彼普賢菩薩行　크고넓은 보살행을 성취합니다

往昔由無智慧力 왕석유무지혜력	지난세상 어리석고 지혜없어서
所造極惡五無間 소조극악오무간	다섯가지 무간죄를 지었더라도
誦此普賢大願王 송차보현대원왕	보현보살 십종대원 읽고외우면
一念速疾皆消滅 일념속질개소멸	한생각에 중죄들이 소멸되어서
族姓種類及容色 족성종류급용색	날때마다 좋은가문 좋은모습에
相好智慧咸圓滿 상호지혜함원만	복과지혜 모든공덕 원만하여서
諸魔外道不能摧 제마외도불능최	마군이나 외도들이 범접못하고
堪爲三界所應供 감위삼계소응공	삼계중생 좋은공양 능히받으며
速詣菩提大樹王 속예보리대수왕	오래잖아 대보리수 아래에앉아
坐已降伏諸魔衆 좌이항복제마중	여러종류 마군모두 항복받고서
成等正覺轉法輪 성등정각전법륜	무상정각 성취하고 법륜을굴려
普利一切諸含識 보리일체제함식	모두에게 이로움을 베푸옵니다
若人於此普賢願 약인어차보현원	누구든지 보현행원 읽고외우고
讀誦受持及演說 독송수지급연설	수지하여 대중위해 연설한다면
果報唯佛能證知 과보유불능증지	그과보는 부처님만 능히아시고
決定獲勝菩提道 결정획승보리도	틀림없이 무상보리 얻게됩니다
若人誦此普賢願 약인송차보현원	어떤이든 보현행원 능히외우고
我說少分之善根 아설소분지선근	그선근의 한부분만 말할지라도

一念一切悉皆圓
일념일체실개원

한생각에 일체공덕 원만히 하여

成就衆生清淨願
성취중생청정원

그 중생의 청정원(清淨願)을 성취합니다

我此普賢殊勝行
아차보현수승행

제가 이제 보현보살 거룩한 행의

無邊勝福皆廻向
무변승복개회향

가이없는 훌륭한 복 회향하오니

普願沈溺諸衆生
보원침익제중생

삼계 고해 빠져있는 모든 중생들

速往無量光佛刹
속왕무량광불찰

하루속히 극락왕생 하여지이다

보현보살마하살이 부처님 앞에서 보현의 광대한 서원과 청정한 게송을 읊자, 선재동자는 한량없이 기뻐하였고, 여러 보살들은 크게 즐거워 하였으며, 부처님께서는 '좋구나, 훌륭하구나[善哉善哉 선재선재]' 하시며 찬탄하셨다.

부처님께서 거룩한 보살마하살들과 함께 이 불가사의한 해탈 경계의 수승한 법문을 연설하실 때, 문수사리보살을 비롯한 대보살들, 대보살들이 성숙시킨 6천의 비구, 미륵보살을 비롯한 현겁(賢劫)의 대보살들, 번뇌 없는 보현보살을 비롯하여

관정위에 이른 일생보처의 대보살들, 시방의 모든
세계에서 온 수없이 많은 보살마하살, 대지혜의
사리불과 신통제일 마하목건련을 비롯한 대성문
들, 천상과 인간 세상의 모든 왕과 천·용·야차·
건달바·아수라·가루라·긴나라·마후라가·인비
인 등의 일체 대중들이, 부처님의 말씀을 듣고 크
게 환희하면서 믿고 받들어 행하였다.

이상으로 지극히 성스러운 화엄경 보현행원품의
사경을 마치웁니다.

나무대행보현보살마하살
나무대행보현보살마하살
나무대행보현보살마하살

영험 크고 성취 빠른 각종 사경집 (책 크기 4×6배판)

※ 정성껏 사경하면 큰 가피가 저절로 찾아들고, 업장참회는 물론이요 쉽게 소원을 성취할 수 있습니다. 각 책마다 사경의 방법을 자세하게 설명해 놓았습니다.

광명진언 사경 가로 · 세로쓰기
(1책으로 1080번 사경) 128쪽 5,000원
모든 불보살님의 총주總呪인 광명진언을 사경하면 그 가피력은 이루 다 말할 수 없을 정도입니다. 하루 108번씩 100일 동안 사경을 행하면 우리에게 크나큰 성취를 안겨주고 심중의 소원이 잘 이루어집니다.

반야심경 한글사경 (1책 50번 사경) 116쪽 4,500원
반야심경 한문사경 (1책 50번 사경) 116쪽 4,500원
반야심경을 사경하면 호법신장이 '나'를 지켜주고 공의 도리를 깨달아 평화롭고 안정된 삶이 함께합니다.

아미타경 한글사경 (1책 7번 사경) 116쪽 4,500원
살아 생전에 아미타경을 사경하거나, 부모님을 비롯한 가까운 분이 돌아가셨을 때 이 경을 쓰면 극락왕생이 참으로 가까워집니다.

관음경 한글사경 (1책 5번 사경) 112쪽 4,500원
관음경을 사경하면 가피가 한량이 없고 늘 행복이 함께 합니다. 학업성취 · 건강쾌유 · 자녀의 성공 · 경제 문제 등에도 영험이 매우 큽니다.

신묘장구대다라니 사경 (1책 50번 사경) 4,500원
대다라니를 사경하면 관세음보살님과 호법신장들이 '나'와 주위를 지켜주고 소원성취와 동시에, 행복하고 자비심 가득한 마음을 가질 수 있도록 해줍니다.

보현행원품 한글사경 (1책 3번 사경) 120쪽 4,500원
행원품을 사경하면 자리이타의 삶과 업장 참회, 신통 · 지혜 · 복덕 · 자비 등을 빨리 이룰 수 있고 세세생생 불법과 함께 하며 보살도를 성취할 수 있습니다.

부모은중경 사경 (1책 3번 사경) 112쪽 4,500원
부처님께서는 부모님의 은혜를 새기면서 이 경을 쓰게 되면 그 어떤 행보다 큰 공덕이 생겨난다고 하였습니다. 정성 들여 사경하면 뜻하는 바가 이루어집니다.

아미타불 명호사경 (1책으로 5,400번 사경) 160쪽 6,000원
'나무아미타불'과 '아미타불'을 오회염불법에 따라 외우고 쓰는 특별한 명호사경집입니다. 집중력을 더하여, 심중 소원 성취에 큰 도움을 줍니다.

금강경 한글사경 (1책 3번 사경) 144쪽 5,500원
금강경 한문사경 (1책 3번 사경) 144쪽 5,500원
금강경 한문한글사경 (1책 1번 사경) 100쪽 4,000원
요긴하고 으뜸된 경전인 금강경을 사경해 보십시오. 업장소멸과 함께 크나큰 깨달음과 좋은 일들이 저절로 다가옵니다.

법화경 한글사경 (전5책) 권당 4,500원 총 22,500원
법화경을 사경하면 부처님과 대우주법계의 한량없는 가피가 저절로 찾아들어 소원성취 · 영가천도는 물론이요 깨달음과 경제적인 풍요까지 안겨줍니다.

약사경 한글사경 (1책 3번 사경) 112쪽 4,000원
약사경을 사경하면 약사여래의 가피가 저절로 찾아들어, 병환의 쾌차, 집안 평안, 업장소멸을 비롯한 갖가지 소원을 쉽게 성취할 수 있습니다.

천수경 한글사경 (1책 7번 사경) 112쪽 4,500원
천수경을 사경하고 독송하면 천수관음의 가피가 저절로 찾아들어, 업장 및 고난의 소멸과 갖가지 소원을 쉽게 성취할 수 있습니다.

지장경 한글사경 (1책 1번 사경) 144쪽 5,500원
지장경을 사경하고 영가천도는 물론이요, 각종 장애가 저절로 사라지고 심중의 소원이 성취됩니다. 백일 또는 49일 동안의 사경기도를 감히 권해 봅니다.

화엄경약찬게 사경 (1책 12번 사경) 112쪽 4,500원
화엄경약찬게를 쓰면 화엄경 한 편을 읽는 것과 같은 공덕이 생긴다고 하였습니다. 약찬게를 써 보십시오. 수많은 가피가 함께 찾아듭니다.

천지팔양신주경 사경 (1책 3번 사경) 112쪽 4,500원
옛부터 건축 · 결혼 · 출산 · 사업 · 죽음 등 평생의 삶 중에서 중요한 때마다 읽고 쓰면 크게 길하고 이롭고 장수하고 복덕을 갖추게 된다고 전해지고 있습니다.

보왕삼매론 사경 (1책으로 27번 사경) 120쪽 4,500원
삶의 문제들을 지혜롭게 해결하는 방법을 제시한 보왕삼매론을 사경하면 생활 속의 걸림돌이 디딤돌로 바뀌고 고난이 사라져 편안하고 행복해집니다.

관세음보살 명호사경 (1책으로 5천4백번 사경) 108쪽 4,500원
지장보살 명호사경 (1책으로 5천번 사경) 108쪽 4,500원
'관세음보살'이나 '지장보살'의 명호를 쓰면서 입으로 외우고 마음에 새기면, 관세음보살님과 지장보살님의 가피를 입어 몸과 마음이 큰 변화를 이루고, 마음속의 원을 능히 성취할 수 있습니다.

기도 및 영가천도 법보시용으로 좋은 책

광명진언 기도법 / 일타스님·김현준　6,000원
광명진언 속에 새겨진 참의미와 바른 기도법, 빠른 기도성취법 등을 자상하게 설하고, 유형별 기도성취 영험담을 다양하게 수록하였습니다.　(180쪽)

생활 속의 기도법 / 일타스님　5,500원
여러 가지 상황에 따른 구체적인 기도방법에서부터 기도할 때 지녀야 할 마음가짐까지, 자상한 문체로 예화를 섞어 쉽고 재미있게 엮었습니다.　(160쪽)

기 도祈禱 / 일타스님　8,000원
총6장 52편의 다양한 기도성취 영험담으로 엮어진 이 책을 읽다보면 올바른 기도법과 기도성취의 지름길을 알 수 있게 됩니다.　(240쪽)

기도 성취의 지름길 / 우룡스님　4,500원
가족을 향한 참회와 3배 기도의 큰 영험에 대해, 그리고 믿음·정성과 함께 기도의 고비를 잘 넘길 것을 설한 감동적인 기도법문집.　(4X6판 160쪽)

기도 이야기 / 우룡스님　7,000원
총 6장 45편의 다양한 이야기와 이야기 끝에 붙인 스님의 해설을 읽고 기도하면 감응의 길이 열리면서 심중소원을 성취하게 됩니다.　(204쪽)

불교의 자녀사랑 기도법 / 김현준　5,500원
부처님의 가르침에 의지하여 정립한 이 책의 내용에 따라 자녀를 사랑하고 기도하면 자녀들이 뜻하는 바 소원을 성취하고 행복과 평화를 누릴 수 있습니다.　(240쪽)

참회와 사랑의 기도법 / 김현준　6,500원
문답을 통해 참회의 정의에서부터 참회기도를 해야 하는 까닭, 가족을 향한 참회법 등에 대해 아주 상세히 설하고 있습니다.　(192쪽)

화엄경약찬게 풀이 / 김현준　7,000원
화엄경약찬게는 매우 난해하지만 이 풀이를 본 다음에 읽으면 명확하게 파악할 수 있고 화엄경의 내용까지 꿰뚫어, 대화엄의 세계에서 노닐 수 있게 됩니다. (160쪽)

● 신행과 포교를 위한 포켓용 불서 ●

행복과 성공을 위한 도담 / 경봉스님	4×6판	100쪽	3,000원
일상기도와 특별기도 / 일타스님	4×6판	100쪽	3,000원
불교예절입문 / 일타스님	4×6판	100쪽	3,000원
불자의 삶과 공부 / 우룡스님	4×6판	100쪽	3,000원
광명진언 기도법 / 일타스님·김현준	4×6판	100쪽	3,000원
보왕삼매론 풀이 / 김현준	4×6판	100쪽	3,000원
바느질하는 부처님 / 김현준 엮음	4×6판	100쪽	3,000원

〈가지고 다니면서 틈틈이 읽게 되면 신행생활과 기도에 큰 도움이 됩니다〉

참 회 / 김현준　　4×6판　160쪽　5,000원
불교의 참회는 잘못을 뉘우치고 용서를 받는 차원을 넘어 영원한 자유와 행복을 얻는 깨달음을 목표로 하고 있습니다. 참회의 끝은 해탈입니다. 대해탈입니다. 이제 이 책 속으로 들어가 참회의 방법과 해답을 찾고 참회를 통하여 평안을 얻고 향상의 길로 나아갑시다.

신묘장구대다라니기도법 우룡스님·김현준
신묘장구대다라니의 가피와 공덕, 다라니의 뜻풀이, 자세하게 설명한 기도의 방법과 주의할 점, 14편의 영험담을 함께 수록하였습니다.　(208쪽 7,000원)

영가천도 / 우룡스님　5,500원
영가천도의 필요성과 기본자세, 염불·독경·사경을 통한 영가천도, 49재 등 영가천도에 관한 여러 궁금증을 스님의 자세한 법문으로 풀어드립니다.　(160쪽)

참회·참회기도법 / 김현준　5,500원
참회의 참된 의미와 여러가지 참회기도법, 참회영험담 등을 상세하게 담아, 행복하고 자유로운 삶의 길을 열어 주고 있습니다.　(160쪽)

기도성취 백팔문답 /김현준　8,000원
기도와 믿음·업장소멸의 방법·꾸준한 기도의 효험·원을 세우는 법·축원법·기도가피와 기도성취의 시기 등을 문답식으로 풀이하였습니다.　(240쪽)

윤회와 인과응보 이야기 /일타스님 8,000원
"인간은 과연 윤회하는 존재인가? 내가 지은 업은 어떻게 전개되는가?" 49가지 이야기로 엮은 이 책을 읽다보면 그 해답을 명확하게 얻을 수 있습니다.　(242쪽)

병환과 기도 /일타스님·김현준　4X6판 84쪽 2,300원

◉불교의 3대신앙의 진면모와 그 기도법을 쉽게 설명한
미타신앙·미타기도법 / 김현준　신국판 160쪽 5,500원
관음신앙·관음기도법 / 김현준　신국판 240쪽 8,000원
지장신앙·지장기도법 / 김현준　신국판 190쪽 6,500원

선가귀감　　서산대사 저　김현준 역
（한글 한문 대조본）4×6배판 136쪽 6,000원
휴대용 4×6판 160쪽 5,000원
禪에 대한 다양한 가르침을 중심에 두고 참회·염불·계율·육바라밀·도인의 삶 등을 간절하게 설하여 불자들의 신심과 정진에 큰 도움을 주는 소중한 책입니다.

다량의 법보시는 할인혜택을 드립니다.
전화 02-587-6612, 582-6612 팩스 02-586-9078

한글 보현행원품 / 김현준 편역　4×6배판 112쪽 4,500원

아주 큰 활자로 만든 한글 번역본으로, 대중이 함께 독송할 때나 집에서 혼자 독송할 때 매우 좋습니다. 또한 예불대참회문을 함께 실어 독경 후 행원품에 근거한 전통적인 108배를 행할 수 있도록 만들었으며, 독송 방법과 대참회의 의미 등도 상세히 설명하였습니다.

우리말 보현행원품 / 김현준 편역　국반판 100쪽 2,000원

『보현행원품』을 가지고 다니면서 틈틈이 독경할 수 있게 휴대하기 좋은 사이즈로 만들었습니다. 바쁜 현대인들에게 큰 도움이 될 뿐 아니라, 법보시용으로도 매우 좋습니다.

보현행원품 한글 사경

초 판　1쇄 펴낸날　2018년 6월 15일
　　　　4쇄 펴낸날　2023년 5월 15일

편역자　김현준
펴낸이　김연수
펴낸곳　새벽숲
등록일　2009년 12월 28일 (제 321-2009-000242호)
주 소　서울특별시 서초구 반포대로14길 30, 906호 (서초동, 센츄리1)
전 화　02-582-6612, 587-6612
팩 스　02-586-9078
이메일　hyorim@nate.com

값 4,500원

ⓒ새벽숲 2018
ISBN 979-11-87459-06-4 03220
새벽숲은 효림출판사의 자매회사입니다(새벽숲은 曉林의 한글풀이).

표지 사진 : 선암사 화엄탱화(1780년 제작, 성보문화재연구원 제공). 보현보살이 설주가 되어 설법하는 모습.
※ 잘못 만들어진 책은 바꿔 드립니다.